魏玛共和国

1918—1933年的德国政治、文化与社会

Die Weimarer Republik: Politik, Kultur und Gesellschaft

［德］比约恩·魏格尔（Bjoern Weigel）/著
邓 然/译

浙江大学出版社
·杭州·

前言
PREFACE

　　从事后分析，人们总是能看清一切。"帝国必须革新，一个领袖必须上台／我们不仅需要税收，也需要一个舵手！／向前，向前！"——从今天的角度来看，这首《进行曲》的最后一节已经蕴含了一切。早在 1922 年它就诞生了，那时通货膨胀主宰着人们的日常生活，快速更迭的政府展示了它的无力，令人印象深刻。对"元首"应引领德国走向更美好未来之路的呼声，不仅可以在这首由著名幽默大师奥托·罗伊特（Otto Reutter）所写的歌中听到，而且在魏玛共和国时期一直存在。奥托·罗伊特无须经历那个后来成为"元首"的人的统治，因为他在 1931 年就去世了。但是，那些曾与死神擦肩而过，从集中营被释放，成为全家唯一生还者，成为种族狂热、灭绝政策和非人道主义的牺牲品的人，他们是否还能回忆起 1945 年那遍地"元首"的呼声的情形？1945 年，又有多少人曾伫立于自家房屋或城镇的废墟前，从家乡被驱逐，或焦急查看回国的战俘名单，看看能否找到一个 15 年前亲口高呼"元首"的亲人？众所周知，魏玛共和国结束于纳粹独裁，而由独裁所造成的灾难，至今仍部分存在于世界各地人们的身上。因而任何对魏玛共和国的审视都离不开对它失败的关注，以及介绍并解释它失败的原因。在这个过程中，其他方面的问题往往被忽视，或者说在共和国末日来临的背景下被诠释了。

　　同时，那个时代的人，不论他们中的多少人积极致力于共和国的失败，都不可能知道这一点，他们最多能够在失败前发出警告。他们生活在他们的时代、社会和个人经历的背景下。因此，本书旨在借助各个章节勾勒出魏玛共和国的社会面貌。魏玛时期常说的"没有共和主义者的共和国",也未曾存在过。它也既非没有民主人士的民主,甚至又非从外部强加的国家模式。正相反,德国人亲自发动革命,争取自由和基本权利,在当时这些自由和权利第一次被载入了德国宪法,直至今日仍在本质上构成我们(德国人)共存的基础。当然,民主政体最初获得民众的高度支持,在很大程度上是基于四年血腥战争后的和平意愿,基于广大民众对"工作与面包"的渴望。但这并不意味着仅凭民主就可以解决一切问题,而只是说民主是所有政治上可行的政府组织形式中的、最可行的折中方案。正如1919年恩斯特·托勒(Ernst Toller)的著名剧作的标题"群众与人",这两者在整个魏玛共和国14年间一直是决定性的构成因素。从另一方面来看,在魏玛共和国衰落的历程中,一个新国家在战争失败的废墟上破茧而出,在由战胜国支配的《凡尔赛条约》作用下,因为大量经济问题,人们对共和国的积极认同不足。实际上,没有任何人能游刃有余地面对民主和保障自由权利的问题,"这是一个没有说明书的共和国",正如随后享誉世界的作家阿尔弗莱德·杜宾(Alfred Döblin)医生在1921年所描述的那样。执政者也包括在内。那么,他们应如何找到自身方向呢?仅有的两个正常运转的欧洲民主国家——法国和英国——都站在战胜国势力一边,即使美国也因其孤立主义的愿望而能产生的榜样作用有限。然而,民主共和国也有货真价实的追随者,信服的甚至有曾经的君主主义者或共产主义者,而且1924—1929年经济和文化上的一度繁荣,确实使民主共和成为大多数人认可的政府组织的最佳形式。不太令人信服的是当权者,是俗话说的"党派之争",是共和国对它的敌人们的开放。所有这些都造成了民主领域中对议会宪法的信心迅速下降,或者至少是摇摆不定,并给了政治替代方案的支持者足够的余地和足够的支持者来破坏德国的稳定。无论替代方案是现实的还是乌托邦的,是以民主方式提出的还是在枪口下执行的,它们通过与之相应的神话——如"背后捅刀子"的传言——而获得了足够的支持者。同一时代的人完全清楚这点。因此，1918—1933年的许多政治和艺术现象都应视为谈判程序。在一个新政府组织形式下，一个社会谈判程序需要新的规则，以便"习惯"民主或者与民主进行不可调和的斗争。鉴于数以千计的死亡，这听起来可能很委婉：革命后的血腥起义、未遂政变和大屠杀也可以被解释为民主对抗敌人的谈判程序。在共和国和资本主义经济秩序中，这些大多被视为"西方的没落"，这是反民主文化保守史学家奥斯瓦尔德·斯宾格勒（Oswald Spengler）在1918—1922年出版的两卷本畅销巨著的书名。谈判是一种新的政治文化，能够应对不断变化的社会结构和权力关系，同时也能应对新技术的可能性和文化需求，这正是未来的趋势，因为大家都清楚地看到，帝国应对这些问题的能力多么渺小。然而，随着君主制的建立，传统的确定性、价值观和规范也被打破。不少人对此做出反应，有的提出过分要求，有的感到恐惧，有的则彻底成为新的民主的敌人。有些人认为新的民主要为"好日子"的结束负责，有些人则热烈欢迎"好日子"的结束，但实际上只把"魏玛"看作它的延续。于是，两边都有足够多的人发现自己在对抗现行制度。

然而，共和国的敌人并非来自外部。敌人形象——无论是"法国人"还是"凡尔赛人"，无论是世界大战的战胜国还是特别来自其殖民地的黑人占领军，无论是"犹太人"还是"国际金融资本"，无论是"官僚"还是"男爵"——比比皆是。然而，魏玛并未被从外部推翻，甚至未曾被因缺乏民主参与或所谓的对政治的失望而被推翻：尽管有几乎永久性的选举活动和所有可能的各级选举和投票，但1928年的一次帝国议会选举投票率最低，仅有75.6%，1925年和1932年具有决定性的第二轮帝国总统选举的投票率约为80%。男性的投票率高于女性，革命过程中给予的女性选举权并没有使其发起者社民党受益，因为女性比男性更多地投票给基督教和（国家）保守党，而男性更多支持社民党,并在激进左派德国共产党与右派纳粹党中占据过高的比例。特别是在极右翼中,议会制往往被视为"不够阳刚"。例如,1925 年兴登堡的选举倡议书提到,"在决议摇摆不定、柔弱而不够阳刚和高声的演讲的时候",必须投票给非议会、无党派的元帅。所谓的"阳刚之气的缺乏"有事实上的支撑,比如 1919 年魏玛国民议会中女性比例为 9.6%,达到了当时新的世界纪录,德国国会也只是在 1983 年刚刚超过这个数字。

而它的人民不得不"团结"起来。议会中的辩论和形成妥协的谈判,试图以最好的方式实施大多数人的想法,却往往被投去怀疑的目光。社会多元化——民主的另一个基石——也是令许多人难以接受的现实:即使在当时,德国也没有一个在族群、宗教和文化上统一的国家民族(Staatsvolk),然而作为民族国家(Nationalstaat)的社会和政治理想,哪怕对于许多民主首脑来说,仍然是可取的。因而反犹主义能够确立它的地位,并一举成为众多党派跨越界限寻找替罪羊的共识。然而,宪法规定的基本权利已经是对这种社会多元化的接受。在奥地利人恩斯特·克热内克(Ernst Krenek)的爵士歌剧《容尼奏乐》等作品中,我们也可以看到对现实的肯定以及与此同时在道德上对它的排斥是如此贴近:1927 年,作曲家瓦尔特·布吕格曼(Walther Brügmann)首次在莱比锡演出——三年后,他还在同一地点首演了贝托尔特·布莱希特(Bertolt Brecht)和库尔特·魏尔(Kurt Weill)的《马哈戈尼城的兴衰》——他利用了当时一系列典型的时髦现象和辩论,如消费文化、广播和新客观主义,把一个非裔美国爵士乐手容尼(Jonny)塑造成(舶来的)城市民主生活态度和自由的化身,同时也把他塑造成一个狡猾的盗贼、诸多不幸的根源和世界的最终征服者,并让白人角色在僵化和觉醒中诉说自己。克热内克被纳粹党人污蔑为"文化布尔什维克主义者",而他的"黑鬼爵士"(Jazz-Nigger)也被保守派视为丑闻。这个称呼偏巧源自尤里乌斯·康戈尔德(Julius

Korngold），作为一个犹太人，他在纳粹吞并奥地利之后，痛苦地了解到种族狂热会导致什么。但并不是因为这个角色切实对应了当时所有典型的种族主义陈词滥调，也不是因为其创作者宣称对意大利法西斯主义的喜爱，也不是因为对欧洲白人女子和黑人爵士乐手之间"内心深处的血缘陌生感"的谩骂，而仅仅是因为歌剧中出现了一个非裔美国人——"黑鬼的歌，黑鬼的舞！"，康戈尔德被激怒了。

　　除了社会多元化，此时城乡关系也困难重重，尤其柏林，作为政治和文化之都，吸引了来自德国各个地区的人，甚至来自世界各地的人。1926年，世界上第一个城市营销活动在这里诞生："人人都来一次柏林！"这不是没道理的。对一些人来说，大都市代表着普鲁士邦的统治和传统权力精英，而另一些人则在它身上看到了所有被拒绝的新事物和不折不扣的罪恶之都。没有什么比理查德·奥斯瓦尔德（Richard Oswalds）的电影《选帝侯大街》（1920年）更能体现这种迷恋与拒绝、吸引与不解的混合特征。康拉德·维德（Conrad Veidt）饰演的魔鬼想找特别有罪的人作为他地狱的未来居民。他带着印钞机——对通货膨胀的政治影射是显而易见的——在柏林的选帝侯大街上尽情享乐，然而，那里的人比他想象的要深不可测得多，也更具有多面性。他认识了由阿斯塔·尼尔森（Asta Nielsen）饰演的厨师玛丽和一个讨巧的"女孩"，遇到了一个永远醉醺醺的艺术家西奥多·卢斯（Theodor Loos），遇到了妙语连珠的旅店老板罗莎·瓦莱蒂（Rosa Valetti）及其儿子保罗·摩根（Paul Morgan）。他恋爱，跳舞，喝酒，被欺骗，被偷窃，最终意识到，人类的混乱对他来说实在是太多了。与其置身此地，他更愿意回到地狱。一些电影编剧把当时与"美好旧时光"做了对比：在关于腓特烈二世的电影中，这位1920年的普鲁士邦国王成功跃身为拥有18部作品的电影明星。导演更替，但演员恒一。奥托·格布尔（Otto Gebühr）成了观众眼中"老弗里兹"（Alten

Fritz）的缩影——即使 1942 年当他 65 岁时，他仍是人们心中这一角色的唯一人选。这些电影的高票房应归功于他的出色演绎。

这样的连续性在当时的政治版图中几乎不可寻。仅有的一处地方，例如科隆，从 1917 年到 1933 年，后来的联邦总理康拉德·阿登纳（Konrad Adenauer）在这里担任过市长；或者在各个联邦州，如在当时的普鲁士，从 1920 年到 1932 年，魏玛联盟几乎无间断执政，带来了政治稳定——然而在全国范围内并不尽然。但是，即便在今天的政治中，仍然有"魏玛关系"这一修辞作为警告，并且要用"人们知道它是如何结束的"这样意味深长的话语来表示衰落。因而"魏玛"就只能从它的终点来解释——突出这个消极的衬托便显得尤为重要。区别对待的观点往往不存在。但这也表明，魏玛民主制既非无力抵抗，又非从一开始就注定要失败。相反，它的特点是具有一种开放性——有时是轻率地接受，有时是积极地参与挑战。1927 年，作家克劳斯·曼（Klaus Mann）在他的散文《今日与明日》中描述了这种开放性："我们身处一个特殊的境地，总是觉得凡事皆有可能，这使我们精神紧张，不至于僵化。"其实，僵化并不能归咎于德国的首个民主制度，最多只能归咎于各党派，这些年来，各党派的教条主义愈演愈烈，使得很多机会都没有被利用起来。然而民主共和国在最严重的国家危机中幸存下来，同可以想见的最不利的经济条件抗衡，并在社会内部形成了一种抵抗和生存的意志，这无论在帝国时代还是在纳粹独裁时期都不曾有过。若议会议员和各政党在决定性的时刻也同样毫不动摇，那么，直到最后一刻，独裁统治实际上是可以避免的。

本书按照时间顺序，分五章介绍了魏玛共和国的社会史。为了使人了解多种平行的历史情节、不同声音和立场，每个章节被划分为不同的主题。研究讨论和理论分析有意被忽略。本书在介绍中自然考虑了最新的科学知识，并在最后的参考文献中有所展示。当然，这本书尚不能回答关于魏玛共和国的所有问题，若它能更好地帮助读者理解德国人民、他们所处的那个时代和德国首个民主制度，那么它的目的就达到了。

在勃兰登堡门前的革命军队,重新着色照片,1918年11月9日

目录
CONTENTS

前言

第一章
1918—1919：共和国的诞生

（一）战争的遗产 …………………………………… 1
（二）街头革命 ……………………………………… 9
（三）从人民代表委员会到帝国宪法 …………… 15
（四）凡尔赛——和平条约和象征 ……………… 20
（五）政治谋杀——内战与日常暴力 …………… 25
（六）社会氛围与社会状况 ……………………… 30

第二章
1920—1923：民主实验

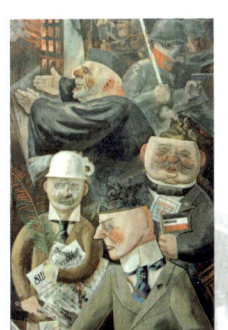

（一）长期的经济危机 …………………………… 37
（二）"敌人站在右边！"——政变和政治危机 … 42
（三）少数群体、平等和歧视 …………………… 49
（四）占领者、篡位者、理性的共和主义者 …… 54
（五）选择的痛苦——魏玛共和国的政治制度 … 63
（六）制造出来的艺术 …………………………… 67

第三章
1924—1929："黄金的20年代"？

（一）帷幕拉开——魏玛共和国的文化形象 …… 73
（二）国际公共场合 ……………………………… 80
（三）金钱、财政和赔偿问题的解决 …………… 87
（四）移民、反犹主义和仇恨犯罪 ……………… 94

（五）丑闻及其在政治和日常生活的作用 …………… 100
（六）媒体的力量 …………………………………… 109
（七）抚养、教育和社会现状 ……………………… 118
（八）体育和休闲 …………………………………… 127

第四章
1930—1931：宪政理念的终结

（一）大萧条和大规模失业 ………………………… 135
（二）人民的声音，第48条和总统内阁 …………… 139
（三）贫困、苦难、饥饿和自杀 …………………… 144
（四）新媒体，旧丑闻 ……………………………… 148
（五）纳粹分子和哈尔茨堡阵线的崛起 …………… 152

第五章
1932—1933：前进的共和国

（一）普鲁士政变：魏玛联盟的终结 ……………… 159
（二）街头恐怖和军事协会 ………………………… 164
（三）节日、仪式和假日 …………………………… 171
（四）对内战的担忧 ………………………………… 176
（五）"代皇帝"和"波希米亚下士"：
　　　纳粹党执掌政权 ……………………………… 182

参考文献 …………………………………………… 186
插图出处 …………………………………………… 189

第一章
1918—1919：
共和国的诞生

（一）战争的遗产

　　战争已经失败了，没有人比最高陆军指挥部更清楚这一点。保罗·冯·兴登堡（Paul von Hindenburg）元帅，因1914年一场卓绝的胜利被誉为"坦能堡战役英雄"而广受欢迎，在最高陆军指挥部担任第三任统帅。自1916年起最高陆军指挥部就在德国实际行使政府权力了。然而，真正的掌权者是他的总军需官和副手埃里希·鲁登道夫（Erich Ludendorff），兴登堡元帅更多负责对外代表德国。1918年9月，德军虽然攻入敌境，但最迟至1917年已经面临供给不足、军备生产紧缺的情形，令人精疲力竭的消耗战致使德军继续战斗的希望全无。1918年9月29日，鲁登道夫和兴登堡终于要求帝国政府尽快向美国总统伍德罗·威尔逊（Woodrow Wilson）提出停战建议。

　　然而，战争宣传却是另一幅完全不同的画面：坚持下去，他们说，胜利的结局即将到来，德国会迫使战败国实现和平，赢得大片土地，从而使供给情况迎来好转。因此，军方的"破产宣言"让人们感到非常意外，因为过去几年的艰辛都白费了。尽管

↑ 1917年前后，德皇威廉二世（中）与兴登堡元帅（左）和鲁登道夫将军（右）在普莱斯大本营分析战报

如此，最晚在1917年就可以预见，德国及其盟国雄心勃勃的战争目标是不可能实现的。两年半后，1914年笼罩欧洲大部分地区的战争狂热已经荡然无存。"从粮食经济的角度讲，战争在第三年年初就输了"，国民经济学家奥古斯特·斯卡尔威特（August Skalweit）在1927年这样写道。而最重要的是，饥饿在1917年已经把人们赶到了街头：4月，在柏林和莱比锡的军备生产工人掀起了首波罢工。达成和平协议的呼声越来越高——尤其在军队内部。

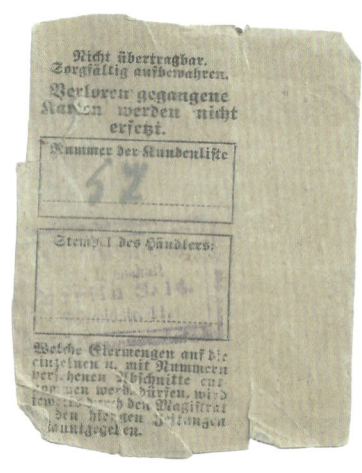

→ 柏林的食品配给卡

然而，政治方面长期没有愤怒反抗。即使是社会民主党人，作为君主制的反对者，几十年来受到君主制国家机器的审查和迫害，他们也无法做到这一点。自1912年以来，昔日"无祖国的家伙"（当时对共产党人的贬称）一直是帝国国会中最强大的议会党团，帝国国会顺从地批准了越来越多的战争筹款。这被视为一种爱国主义者的责任，因为不顾先前的种种党内决议以及延迟至1914年7月的反战示威游行，社会民主党人由此认为，德国置身于

←由于食品定额分配，全德国的食品商店前都排成了长龙。此为1917年的柏林

防御战中。在战争初期，威廉二世皇帝宣布的"兴登堡和平"政策倒是起了些作用，只是非常缓慢地变得脆弱不堪：在1914年8月4日对批准战争筹款进行第一次表决前，仅有一位社会民主党议员弗里茨·库内特（Fritz Kunert）离开了议会大厅以示抗议。首个正常的反对声音来自当年12月初的第二次表决中的卡尔·李卜克内西（Karl Liebknecht），甚至在1915年3月20日——战争筹款第三次被批准时——仅有两名议员反对。社会民主党人曾错误地相信，政府会因此对他们的国内和社会改革政策妥协。但社会民主党最终分裂成多数派的德国社会民主多数党和德国独立社会民主党。直到1917年7月，帝国议会试图再次批准新的战争筹款，这才招致了政治抗议。更严重的是人民和前线的补给情况不断恶化。鉴于战争进程越发令人担忧，俄国革命也在进行，社会民主党主席弗里德里希·艾伯特（Friedrich Ebert）宣称，他的党派仅在施行意义深远的改革的情况下才会同意战争筹款。"没有兼并和进贡的和平"，是彼得格勒[1]工人和士兵同盟的原则，德意志帝国现在也要采纳这一原

1　圣彼得堡的旧称。——译者注

→德国战争经费主要以向民众征集战争债券的方式来筹措，在宣传上做了大量的工作。这是1918年3月第8期战争债券的战地明信片（图中文字大意："最后一击，第8次战争债券。"）

则。鉴于战争和补给的形势，其他党派也开始改变想法。艾伯特和社会民主党人现在也首次有了盟友。作为帝国议会第二大势力的中央党团，也因此由其雄辩的议员马蒂亚斯·埃尔茨贝格（Matthias Erzberger）宣誓就职，这主要是因为埃尔茨贝格作为德国对外宣传的负责人，自然比其他议员更了解真实情况。现在，连左翼自由主义的进步人民党党团主席——这对大多数人以及这个党本身来说都非常意外——以及国家自由党党团主席古斯塔夫·施特雷泽曼（Gustav Stresemann），这位激烈的前兼并主义者，也同意了德国社会民主多数党和中央党团的这些要求。

这四个议会党团组成了一个跨党团委员会，以制定共同的目标——和平谅解与宪法改革——并协调议会的下一步程序。帝国议会所拥有的一点影响力即预算权，将被用来获得真正的共同决定权，并在制定外交和国内政策方面发挥决定性作用。对于德国的情形而言，这本身就是革命性的。1917年的危险形势使得德国人向帝国政府施加压力，要求民主改革，以寻求困局的出路。特奥巴德·冯·贝特曼·霍尔韦格（Theobald von Bethmann Hollweg）总理绝对是这种做法的支持者，他也是和平解决办法的支持者，这使得他立即与最高陆军指挥部发生了冲突。更确切地说，他被夹在了中间：对于多数党派来说，一直忠于皇帝的总理自1909年上台以来就过于弱势，无法通过谈判与最高陆军指挥部达成和平；反之，这些将军又认为霍尔韦格太过革命，因为他曾采取了民主派的立场——例如在普鲁士三级选举的制度改革方面。军队将此解释为对"国家敌人"的示弱，并威胁说，倘若总理留在政府，他们就会辞职。最后，调解人贝特曼·霍尔维格本人于1917年7月13日辞职。有一件事情是最高陆军指挥部也无法阻止的：7月19日帝国议会以多数党的投票通过了和平决议。因此，德国议会增强了自身的地位，并仿佛在同时代人没有意识到的情况下，奠定了民主化进程和国家议会化进程的基石。

不过，目前也仅此而已：曾任普鲁士邦人民粮食专员新任总理格奥尔格·米夏利斯（Georg Michaelis），提名了来自四个多数党的几位议员担任国务大臣或副国务大臣以作为对国会的让步。除此之外，他还是一个对军队顺从的工具。最高陆军指挥部则拒绝任何和平谈判。民主选举的议会被与直接的政治权力隔开，文职政府只对皇帝及其总理负责，两者在宪政上共存。

← 时任德国总理的赫特林

上任仅三个半月,这种情况并没有改变,不能胜任的米夏利斯就不得不离职。他公开诋毁和平决议,反对进行不断的内政改革,彻底破坏了自己与帝国议会多数派的关系。但是脱离了议会,战争债券就无法获得通过,所以不久帝国皇帝就被允许寻找新的总理。皇帝选择了乔治·格拉夫·冯·赫特林（Goerg Graf von Hertling）。赫特林是中央党成员,也是协调议会多数派组建内阁的第一人。赫特林出身黑森州贵族,从政后在巴伐利亚州官至总理大臣,此外也是国家总理府首位非普鲁士人、天主教徒,自 1871 年帝国成立以来,帝国总理内阁和普鲁士首相内阁都是同一班人马。然而,赫特林并不是国家议会化的拥护者。最高陆军指挥部必然能掌控赫特林,无论如何,赫特林这位曾经的哲学教授也不可能有一贯的和平或改革政策问题。

直到和平谈判的机会急剧减少乃至失去,最高陆军指挥部才开始改变想法。1918 年 9 月 29 日是革命前的首次鼓动：鲁登道夫将军被来自前线的报告所惊动,他有点精神崩溃,不得不和他名义上的上级兴登堡元帅向威廉二世皇帝坦言,他们认为应立即停战。兴登堡和鲁登道夫要求议会政府立即向美国总统伍德罗·威尔逊提出停战协议,并使德国民主化。新政府必须基于帝国议会的多数派组成。他们背后的算盘显而易见：要让民主党派为战争失败负责。要做到这一点,必须让社会民主党进入政府并主持政局。毕竟,他们创造了没有兼并和"进贡"的和平模式,在民主派伙伴的帝国议会跨党团委员会的帮助下,这一方案被推动实施。这时按照鲁登道夫的说法,这些人应"舀光汤喝",自食其果。然而,这一切无疑是军方自寻烦恼,而不是别人造成的。此计划是奸诈的：新的社会民主政府将协议停火,在新的开端,军队将毫发无损,听凭调用。即使鲁登道夫不寻求民主的目标,他迫使帝国议会多数派正式掌权,确定了议会化政治方向。一场自上而下的革命马上到来！

←新政府：威廉·索尔福（Wilhelm Solf），王子马克斯·冯·巴登，马蒂亚斯·埃尔茨贝格，西格弗里德·冯·罗伊德恩（Siegfried von Roedern），奥托·菲仕贝克（Otto Fischbeck），古斯塔夫·鲍尔，菲利普·谢德曼，恩斯特·里特·冯·曼（Ernst Ritter von Mann），Heinrich Schëuch（海因里希·绍伊），阿道夫·戈贝（Adolf Gröber）和卡尔·特里姆伯恩（Karl Trimborn）（左起）等人。图为1918年10月的海报

已经 74 岁高龄的赫特林显然不是全新开局的正确人选。一个新的帝国总理和一个新的政府必须上台，该政府必须以议会为基础，对议会负责，同时又领导最高陆军指挥部，以处理战争遗留问题。这成为德国历史上的一个讽刺，一个大公爵般的王子和王位继承人马克斯·冯·巴登（Max von Baden），竟然是人们可以为帝国民主化和议会化找到的最可信的候选人：1918 年 10 月 3 日，首位由议会多数党派宣布合法的总理就职，第二天，他将准备好的停战建议转交给了威尔逊。

（二）街头革命

新国家总理也好，议会君主制也好，并没有让人填饱肚子，也没有结束战争中的伤亡。仅从这一点就可以理解：革命根本没有可能停留在上层。此外似乎应该问问，甚至有谁注意到了这些的确是宪法革命性的变化？德国议员——在军方的算计下被推上台——同样没有做任何事情让民众意识到这些变化的重要性。他们本身就万分惧怕发自下层的革命。因此，1918—1919年的德国革命变得十分复杂：首先，这是由德国结束第一次世界大战的直接条件；其次，这次革命是政治上从"上面"强加的，而不是由人民争得的；再次，它确实带来了自由的权利，这些权利是1918年11月由人民争得的，至今仍是德国民主的奠基石。

另外一点尚存疑虑，11月事件——通过工人运动的分裂——是否已经孕育了魏玛共和国垮台的萌芽？而社会民主党人所进行的革命被社会民主党的领导人阻止，这本身不就是一种天生的缺陷吗？表面上看，1918年的革命以

← 1918年11月6日，攻进威廉港看守所后的革命水兵

及在此之前的起义、罢工和叛乱等一系列反战革命，成为了魏玛共和国的奠基石，乃至德国民主的核心基石，得以在各个方面阐明了政党政治合法性，并使女权运动作为革命和战争结束的重要支柱得到尊重。这次革命对1933年和纳粹时期的前历史意义的进行探究，指出了社会变化和其政治变化。这些变化的影响延续至今，并仍在一定程度上能够被人们感受到。

底层革命的发动来自一次哗变：在基尔和威廉港附近驻扎的德国公海舰队在1918年10月28日接到命令：向英国舰队发起最后一次攻击。但德国海军拒绝服从这一指令，他们不准备为海军上将们的"荣誉"奔赴一场致命冒险，"一旦执行命令，我们将必死无疑"，正如一位水手在给父亲的信中所写的那样。因为他们知道，在马克斯·冯·巴登领导下，10月初才上任的帝国政府早已提出了停战建议，也知道无限制潜艇战已经在10月20日结束，而总指挥官鲁登道夫也在两天前宣布辞去最高陆军指挥部的职务。海军上将们计划中的战争行动将使与协约国的整个和平谈判失败，他们既没有与帝国政府以及皇帝的意见达成一致，还会损害政府的权威。因此，真正的兵变——不仅是水兵们看到的——是海军司令部的战斗服从指令，而不是水兵们拒绝服从指令。水兵们在威廉港和基尔把战舰上的弹药卸下，又让舰队参谋们一无所获地撤离。至此，这还是罢工，不是革命。不过，德国舰队的指挥官们并不想就此罢休，先是有大约600名，随后几天又有大约400名水兵被捕。这些水兵都受到了即审即决的威胁。消息传出后，罢工变成了起义。11月1日，水兵们组织了水兵委员会，商讨如何使被拘留者获得释放。仅仅两天后，大约3000人在基尔示威游行，要求释放被拘留的水兵：全体船员几乎都来了，还有码头工人和沿岸驻扎的海军士兵，这就是那里几乎没有女工在场的原因。面对人群，绝望的地方海军指挥官下令射击。一支军事巡逻队为了防止起义的士兵抢劫军械库，的确向人群开了枪。9人死亡，几十人重伤，然而很快就没有人听从指令向自己的战友继续开枪了。11月4日，驻军士兵加入了示威队伍。现在要请外国特遣队来对起义队伍进行军事镇压，但镇压命令也遭到了拒绝。一时间，军方领导面对10万名左右的"叛乱分子"，并且整个德国北部沿海地区已经没有任何忠于德国皇帝的部队了。起义军行动迅速：他们于11月4日当天就选出了士兵委员会，该委员会依靠4万名武装人员在基尔掌权。

德国社会民主多数党首先意识到发生了什么事情：帝国政府匆忙派遣帝国议会议员古斯塔夫·诺斯克（Gustav Noske）去平息局势，他也是该党在国防政策问题上最有经验的人之一。可想而知，这背后的算盘非常简单：若士兵们的行为是出于对帝国政府的忠诚，那么政府代表当然最有可能阻止起义，从而确保和平与秩序——这正是社会民主党领导层所追求的——并防止革命运动蔓延到帝国的其他地区。当诺斯克到达基尔时，帝国海军的桅杆上红旗飘扬。起义水手们意外地成为革命的承担者。与此同时，他们提出了在政治上相当简单的14点要求，其中释放被拘留者和政治犯是首要任务。他们还要求保障言论和新闻自由，废除书信审查制度。其他几点则涉及叛变者不受惩罚、军纪、士兵的退伍自由和无条件撤销引起骚乱的舰队出港命令等。此时没有人要求结束君主制，也没有人提出宣告建立共和国。这就表明这场革命的性质是反战的。这些要求对德国社会民主多数党和诺斯克，以及对整个政府而言，都是易于接受的。诺斯克在起义水兵面前进行了勇敢而果断的演讲，

→古斯塔夫·诺斯克对起义水兵讲话，基尔，1918年11月

赢得了他们的信任,并被选为基尔工人和士兵革命委员会主席,从而成为基尔方面和政府的谈判代表。所以,诺斯克在极短时间内就控制了一场革命运动,而只要德国社会民主多数党掌握了对革命的控制权,就掌控着政局。因此,在柏林,诺斯克的任命立即得到了批准,从而使水兵接管政局合法化。

然而,基尔事件还是成为继续革命的决定性催化剂。基尔起义完全脱离了它作为军事起义的本源,唯一的影响是成功从帝国国家政权那里争取到了一些颇有决定性的让步,让工人阶级为了自己的目标而团结起来。"记住基尔吧,这也是我们的解救!"仅三天后,这一口号就在科隆的传单上出现了。而现在的要求是政治性的。德国社会民主多数党企图将革命运动简化为军事上的——本质上而非政治的——要求,此时都无济于事了。在汉堡,工兵革命委员会在 11 月 5 日召集了一场总罢工,革命的火花即刻在不来梅和吕贝克迸发,第二天便传到了整个德国北部。仅仅两天后,革命也降临在德国两个重要的工业区——鲁尔区和萨克森-图宾根工业带。只有全德国最大的工业

↓ 11 月 9 日,在马克斯·冯·巴登辞职后,菲利普·谢德曼站在共和国国会大厦的窗口宣告共和国成立。这张照片是重新着色的

城柏林依然安静如常。同时在科隆,据说当时的工兵革命委员会的任务是,"帮助开展充满我们城市的革命并取得人民的胜利"。除了要求立即签订和约,他们还要求"废除一切德意志帝国王朝",这是指王室统治王朝和经济王朝。任何地方都没有值得一提的抵抗,甚至连军官团都没有。无论在工厂、兵营、资产阶层还是在其他任何地方,都没有保卫旧当局的力量。各个阶层的人都因对和平的渴望而非常团结。德国首个君主制终于在一个迄今没有出现在德国革命地图上的地区——巴伐利亚州——被推翻了。11月8日晚,德国独立社会民主党的政治家库尔特·埃斯纳(Kurt Eisner)在慕尼黑州议会上以工农兵革命委员会主席的身份宣布成立"巴伐利亚自由民族州"。国王路德维希三世偕同家人以最快速度撤离了他们的首都。在此之前,还举行了一次示威游行,其中德国独立社会民主党发言人向德国社会民主多数党的同志迅速展示了如何在特蕾莎草坪上赢得12万多人的支持;同时,他们顺便向整个德国展示了推翻统治者的统治也可以不流血。

而随着人们上街游行,全国各地都在印制带有呼吁内容的传单,在每一个大小城镇里的几乎每一个重要的广场上,在街角小酒馆里、工厂里和兵营大院里都有政治演说发表,各党派及其代表们、军方和帝国政府也都频频行动。唯一清楚的是:群众运动意义上的革命,要求停止战争和内政改革,已经无法阻止。唯一的问题在于,革命可以往何方引导。现在,德国社会民主多数党不得不全力以赴地投入它从未想过的运动中去。它必须遏制国内推翻政府的行为,同时公开赞扬这是它"盼望得到的孩子",即使它参与革命很少,它的目标实际上是维护和平与秩序。然而,对于德国独立社会民主党及其左翼组织"斯巴达克派"来说,革命才是真正的目标,即使他们对期望的结果有不同看法。而德国社会民主多数党则完全是迫于街头的压力——而不是政治上的先见之明——才进行革命的。11月9日,对政府的颠覆也来到了帝国的首都:总罢工被宣告,前一天下午,位于斯潘道附近的斯塔肯的齐柏林飞艇工厂就开始了罢工——数十万人聚集在街头,向市中心方向游行示威,驻扎在柏林的部队也加入了示威行列。接着,从基尔来的水手们乘火车抵达柏林莱尔特火车站,向柏林宫方向进发。斯巴达克派的首领卡尔·李卜克内西和罗莎·卢森堡认为,在不久的将来,宣布成立苏维埃共和国的时机已到。所以,留给政府行动的时间并不多。在多次劝说皇帝威廉二世退位,又因其不从而失败后,1918年11月9日,马克斯·冯·巴登以个人的名义挺身而出,擅自宣布德国皇帝和普鲁士邦国王退位。有了这个宣告,前有示威民众,后有斯巴达克派革命,德国社会民主多数党最优秀的演说家菲利普·谢德曼(Philipp Scheidemann)走上了帝国大厦的阳台,做了一件闻所未闻的、简直是革命的事情:他向民众高呼,"老旧的、腐朽的君主制"已经结束,"人民全面胜利!德意志共和国万岁!"没人赋予他这样做的合法性,所以他的党魁弗里德里希·艾伯特也相应地感到愤怒,但谢德曼其实只是第一个说出这件无论如何都无法阻止的事情——德国成为共和国——的政治家。但以什么样的方式——是议会制还是革命委员会制——还有待观察。因为在谢德曼演说之后仅两个小时,卡尔·李卜克内西就站在柏林宫前的一辆卡车上,宣告了"德意志自由社会主义共和国"的成立,并宣布了国际主义革命。虽然谢德曼的宣告先于李卜克内西,但在这种不确定的情况下,这说明不了什么。更为明确的是马克斯·冯·巴登前不久迈出的那一步。摄政王退位后,他将自己的职务移交给了弗里德里希·艾伯特。

此时皇帝威廉二世流亡至荷兰。没有人确切知道为什么,因为在比利时斯帕的最高陆军指挥部大本营,德国皇帝没有受到任何威胁,在德国也没人要取他的首级。随着革命的进行,他变得没有任何意义。他直到11月28日才首次宣布退位,他的皇位继承人甚至到12月1日才提出退位,而其他联邦亲王也都不是真正自愿确认退位的,但几乎没有人再对这一点感兴趣。革命创造了事实,而皇帝还不够好,正如一首柏林圣诞嘲讽歌曲所唱:"啊圣诞树,啊圣诞树,皇帝被解雇了。"

在首都,即使在革命后一切都平静得令人惊讶,最重要的是,没有流血。非常巧合的是,11月10日晚,位于弗里德里希大街的阿波罗剧院成功上演了一台名为《世界末日》的歌舞剧。恩斯特·卢比奇(Ernst Lubitsch)在这里扮演了他的最后一个戏剧角色,在座无虚席的剧场中,观众们觉得,这与他们在外面街上看到的君主世界的衰落一样有趣。

（三）从人民代表委员会到帝国宪法

弗里德里希·艾伯特根本不是革命派。他本想不惜一切代价避免成为帝国总理，只要制宪国民议会不给他授权。从另一方面看，时机的青睐只有一次：谢德曼抓住了这次机会，并宣告了共和国的诞生。不论是否立宪，他都因此阻止了李卜克内西和革命委员会制的拥护者，尽管后者自身并非完全无辜：早在 1918 年 11 月 2 日，柏林各企业的革命工会主席执行委员会已在柏林召开了会议。这些人自然是和德国独立社会民主党和极左翼斯巴达克派关系密切。德国独立社会民主党党魁雨果·哈斯（Hugo Haase）和斯巴达克派联合主席卡尔·李卜克内西应邀出席了会议。虽然他们的大型罢工运动发生在 1917 年 4 月和 1918 年 1 月，仅限于个别工厂，未能引发群众运动，但大多数冶金工人——这一柏林最大的职业群体——都站在了他们这边。革命党人从他们的组织和领导罢工的经验中获益。借助产业工人的力量，且对基尔发生的事并不了解，革命工会主席们认为，采取革命行动的时机已到。卡尔·李卜克内西曾主张在 1918 年 11 月 4 日立即开始革命，但首先要等待工资发放，因此起义不得不推迟到 11 月 11 日。

这反而给德国社会民主多数党争取到了足够的时间以采取主动。德国社会民主多数党领导人对基尔事件感到震惊，但由于古斯塔夫·诺斯克的介入而胜券在握，他们认为，这场想阻止却不能阻止的革命至少可以控制。最后，人们还清楚地看出，大多数士兵和工人绝非倾向于按照 1917 年俄国十月革命的路线建立苏维埃制度，而是站在德国社会民主多数党一边。真正来自群众的方向抉择从未被威胁，不论是这里的议会共和国，还是那里的革命委员会制。那么，德国社会民主多数党要做什么呢？倾听并代表民众的诉求。这其实就是全部了。而这也变得容易多了，因为美国总统威尔逊毫无疑问地认为，皇帝和君主制是达成和平协议道路上的最大障碍。然而，他们的处境艰难。马克斯·冯·巴登在 1918 年 11 月 9 日难以直接向艾伯特提供国家总理一职，虽然实际上这位王子是革命者，但他未经帝国议会或仍在执政的德皇同意，就违宪地把自己的职位交给了社会民主党人！艾伯特需要尽快建立一个有担

↑ 成立于 11 月 10 日的人民代表委员会

当的政府。为了避免任何革命的出现，也可能为了维护宪政性质，艾伯特成立了一个人民代表委员会。他巧妙地将六个职位——由于上面提到的原因不能称其为部长——平均分配给了德国社会民主多数党和德国独立社会民主党的代表。作为对革命委员会的一种让步，他们获得了对一个在下一次帝国议会代表大会到来之前的执行委员会的控制权，但实际上这个委员会并不重要。于是在 11 月 10 日，来自德国社会民主多数党的艾伯特、谢德曼和奥托·兰茨贝格（Otto Landsberg）以及来自德国独立社会民主党的雨果·哈斯、威廉·迪特曼（Wilhelm Dittmann）和埃米尔·巴斯（Emil Barth）准备完毕，并被柏林工兵革命委员会的全体大会确认为临时政府。同一天艾伯特接到了一通重要的电话：鲁登道夫的最高陆军指挥部的继任者威廉·格勒纳（Wilhelm Groener）将军，表达了军方对政府的忠诚，并向艾伯特保证，如果激进左翼发生政变，军方将全力支援政府。当时还在打仗，军队还需要社会主义者。格勒纳的唯一条件是，军官仍然行使军队唯一指挥权，自己控制军队。艾伯特表示同意——反正他别无选择，因为军队是新政府所能得到的唯一保护。对于艾伯特和德国社会民主多数党而言，革命从现在起已经结束了。与其说是实际的选择，不如说是害怕苏维埃革命幽灵，才让他寻求与旧派精英们结盟。另外，现在也具备了结束战争的条件：1918 年 11 月 11 日，马蒂亚斯·埃尔茨贝格被派去代表已经不存在的德意志帝国政府在贡比涅签署停战条约。历时四年多的血战结束了。

军方置身谈判之外，现在却从谈判中获益：他们的计划完全奏效，即把签订停战协议和进行和平谈判的责任转嫁给社会民主党，好以"战无不胜"的姿态自居。尽管军中大多数人都是严格的君主主义者，但在他们看来，帝国的灭亡似乎是为了保持军队及其领导层不受束缚，以便重新开始而必须付出的代价。然而，毫无疑问，军方与新政府的联盟是一个权宜之计，对他们来说，社会民主党人一定是叛徒。只是现在还不是报复他们的时候。人民代表委员会现在必须按照停战协定的要求，尽快处理战争遗留问题：撤回仍在敌方领土上的部队，解决补给危机和粮食短缺问题，并提出从战时经济向和平经济过渡的可行方案。为此需要民主立法。因此，1918 年 12 月 16 日至 20

日,国家委员会大会在柏林举行,这是一个由帝国各地成立的工兵革命委员会的代表组成的全体会议。会上德国社会民主多数党坚持自身立场,要求尽快举行国民议会选举。次年1月19日被确定为选举日。

这时,此前在柏林一直相当平和的革命,发展成了一场内战。12月6日柏林市指挥官奥托·维尔斯(Otto Wels,德国社会民主多数党)下令向"斯巴达克派"示威者开枪,造成了16人死亡。1918年12月23日,在人民海军师的起义军随后将维尔斯拘压后,政府向柏林调遣了军队。两天之内就有70人丧生,起义军被击退,这比整个

↓ 1919年1月,"斯巴达克派"起义时政府军在柏林大教堂前巡逻

德国在 11 月革命中死亡的人数还要多。虽然人民海军师随后腾出了城堡和宫廷马厩，并释放了维尔斯，但他们领取了军饷，仍然是一支部队，并迫使维尔斯辞了职。三名德国独立社会民主党代表对军方在圣诞节前的大屠杀感到震惊，他们离开了人民代表委员会，其职位由两名德国社会民主多数党政客接替。其中一人是古斯塔夫·诺斯克，作为陆军和海军的人民委员，他自己也承认要"做暴君"。很快，他自己选的这个称号就再合适不过了：1919 年 1 月 4 日，艾伯特罢免了被合法任命的柏林警察局局长埃米尔·艾希霍恩（Emil Eichhorn，德国独立社会民主党）。随后，革命工会主席们组织了总罢工，德国独立社会民主党领导层和 1 月 1 日刚刚成立的德国共产党也立即加入了罢工。最重要的报纸编辑部被占领，示威者携带了武器。但因为不清楚下一步如何进行，起义崩溃了。卡尔·李卜克内西建议向艾伯特政府宣战，以阻止 1 月 19 日的选举，罗莎·卢森堡明显更现实，因而反对宣战。调解的尝试失败了，诺斯克出任指挥，部署军队和自由兵团，在短短三天内就攻克了被占领的报社街区。虽然几乎没有发生任何重大战斗，而且大多数时候没有准备的起义军也经常投降，但军队和自由兵团还是以极端残暴的方式进行了战斗：156 名起义士兵和 13 名军人在 1 月 10 日至 12 日被杀。尽管此时"斯巴达克派"早已不存在——彼时它化身为德国共产党——他们既没有策划也没有发起、领导一月起义，但"斯巴达克起义"这个名词后来还是成立了。这一方面是由于德国共产党的宣传，该党想抬高其领导人罗莎·卢森堡和卡尔·李卜克内西的革命地位；另一方面也由于社民党的宣传，因为它乐于利用这个机会把它下令进行的大屠杀重新解释为"防御布尔什维克恐怖统治"。这次军事行动很大程度上被誉为恢复"安宁与秩序"的行动，但随后右翼军队和自由兵团采取了规模空前的暴力行动；卢森堡和李卜克内西成为 1919 年 1 月 15 日首批知名受害者。

然而，国民议会选举的结果却是德国社会民主多数党获胜：几乎 38% 的选民投了它的票。天主教的中央党获 19.7% 的票数，位居第二，左翼德国民主党获得 18.5% 的票数，右翼自由德国人民党仅占 4.4%。同时，德国独立社会民主党仅获得 7.7% 的票数，反动的专制主义者、当时已经反犹的德国国家人民党获 10.3% 的选票，而德国共产党违背了被谋杀的罗莎·卢森堡的意愿，没有进入国民议会。国家的四个多数党共获得了超过 80% 的选票——这是对议会民主制压倒性的认可，这种情况也不会再出现。由于柏林出现了类似内战的状况，新当选的议会无法在那里举行任何会议。选择魏玛作为备选地点，主要是因为魏玛在军事上便于防御。弗里德里希·艾伯特于2月11日当选为国家临时总统，谢德曼成为由德国社会民主多数党、中央党、德国民主党组成的联合政府的首脑。但国民议会最重要的任务是修订宪法。这部宪法遵循人民主权原则，对所有国家机关进行分权并且首次规定了一系列个人和社会基本权利。现在男女在法律上是平等的，少数民族的权利得到体现；凡是德国公民，不论其性别、年龄、宗教或种族，均享有相同的权利和义务。德国仍然是一个联邦制国家，各州政府各司其职，所有年满20岁的男女每四年可以在所在地以平等、无记名的直接选举的方式选出帝国议会成员，每七年选举一次国家总统。所谓的"十一月革命"在1919年夏天正式结束：7月31日魏玛国民议会通过了德意志帝国宪法，8月11日，该宪法由国家总统艾伯特签署；8月14日，宪法在《帝国法律公报》宣告生效。8月11日，"德国民主诞生"，1921年，这一天被定为国家假日。

（四）凡尔赛——和平条约和象征

民主的曙光很快就幻灭了。在民主化发展阶段，大多数德国人——尤其是政治决策者——都曾自欺欺人地认为，美国总统威尔逊会站在德国的立场上，以他的"十四点计划"为基础，把和平谈判作为条件。该计划确实规定了恢复比利时主权、撤出所有被占领的俄国领土，并将普法战争后德国在1871年吞并的阿尔萨斯—洛林地区割让给法国。然而，它还包含了一项措辞相当模糊的"民族自决权"，威尔逊强调其为战后秩序的基础。

但是事情的结果不一样。首先，第一次世界大战27个战胜国于1919年1月18日在距离巴黎西南14公里处的凡尔赛开会，签订和平条约，建立战后秩序。日期和地点的选择绝非偶然：48年前的这天，普鲁士国王威廉一世就是在凡尔赛宫的镜厅里宣布成为德国皇帝的。因此，这个帝国的结束也应该用最强烈的象征来体现。当时的大英帝国五个自治领加拿大、澳大利亚、新西兰、纽芬兰和南非，以及英属殖民地印度，也坐在谈判桌上。虽然这些国家在形式上都不独立，但在与德国的战争中都忠心耿耿地独立作战。然而，自1917年以来由共产党人领导的俄罗斯却没有派代表参加，那里内战正酣。当然，只有四个最强大的战胜国代表有话语权：英国首相大卫·劳埃德·乔治（David Lloyd George）、他的法国同僚乔治·克里孟梭（Georges Clemenceau）、意大利总理维托里奥·埃马努埃莱·奥兰多（Vittorio Emanuele Orlando）和美国总统伍德罗·威尔逊。

1919年5月，凡尔赛条约终于谈妥，战败国德国和奥地利被排除在谈判之外。现在允许他们以书面形式提出修改提交给他们的文本的要求。为了不因无休止地交换照会而阻碍这一进程，协约国一同移交了条约和最后通牒，并注明了签署期限。这个条约全文一出，立刻激起了德国各政治阵营绝大多数民众的愤怒，并被谴责为"可耻的和平"。主要争议点是第231条，它把战争爆发的责任全部归咎于德国及其盟国。战胜国要求赔偿的依据（修葺条款）就是这条"战争罪状"。在世界史上政治家们也第一次为他们的要求提出了道德理由。自《凡尔赛条约》签订以来，几乎所有当事国家都在反复争论谁是第一次世界大战的爆发的罪魁祸首，时至今日，一些国家仍在争论，并在必要时保持缄默。事实上，一方面，无论是主动宣战、试图破坏外交谅解，还是政治上对军事利益的顺从，德国和奥地利为世界大战的开始承担了很大一部分责任。另一方面，事实是没有任何一个参战大国对第一次世界大战负有唯一责任。在1914年之前，欧洲各地都认为战争即将到来，因为诸多政治危机已经表明了欧洲联盟体系的脆弱性。在欧洲随处可见一个国家对另一个国家灾难性的保证宣言，对缓和局势的外交努力的活跃阻挠，有时还有十分激烈的战争宣传。几乎所有欧洲国家在1914年都枕戈待旦，除了比利时和卢森堡，因为德国蓄意侵犯这两个国家宣称的中立地位，意欲征服它们。

条约还规定，德国必须割让七分之一的领土，而这些领土上居住了德国总人口十分之一的人。阿尔萨斯—洛林地区归法国，波兹南和西普鲁士部分地区归波兰，1923年立陶宛分得了梅梅尔地区，在国际联盟的授权下，但泽市被宣布为"自由市"。德国必须毫无例外地割让全部殖民地给战胜国。对于殖民地人民，特别是对非洲和亚洲的殖民地人民来说，民族自决权的适用性根本没有得到讨论。德国军队被限制在10万人以内，德国必须接受战胜国对其莱茵河左岸所有领土的占领。奥地利是哈布斯堡王朝解体后的德语区，被禁止加入德意志帝国。总理谢德曼领导下的魏玛共和国的首届内阁拒绝在和约上签字，并辞职。古斯塔夫·鲍尔（Gustav Bauer）随即出任总理，1919年6月28日，外交部部长赫尔曼·米勒（Hermann Müller）和交通部部长约翰内斯·贝尔（Johannes Bell）在凡尔赛宫的镜厅签署了条约。为什么由交通部

↓根据《凡尔赛条约》的规定，拆除一辆德国坦克（左图）和一门火炮，20世纪20年代的香烟收藏卡

部长来签署这份和平条约？这似乎完全不合适。答案深深指向了绝大多数德国人的精神状态：只能以恢复战斗为代价来抵制签字——因此签字不可避免。然而，战胜国只要求德国派"两名部长"，其中一位为外交部部长。人们预料到另一位当然是"总理"——直到 1919 年 8 月 14 日宪法生效，才规定德国政府首脑为帝国总理。在德国，不但条约内容，就连条约签署地也被视为一种羞辱。德国人——首先是他们的政治代表——觉得这个条约不光彩，所以他们派出了尽可能低的符合外交礼仪标准的阵容——外交部部长和交通部部长——来显示他们的蔑视。

← 1919 年 6 月 28 日，德国代表团在凡尔赛宫的镜厅签署和平条约，威廉·奥本的油画，1925 年前后

贝尔作为中央党的政治家，后来在魏玛共和国内阁的更迭中仍然活跃了数年，直到 1933 年还一直担任帝国议会的议员。但是更不为人所知的是，社民党政治家赫尔曼·米勒由于在《凡尔赛条约》上签字，多次被右派作为"十一月罪犯"而遭到攻击。

美国总统威尔逊未能在一些基本问题上——特别是在人民自决权问题上——坚持自己的立场。意大利在南蒂罗尔问题上的吞并愿望，法国阻止奥地利并入德国的努力，所有欧洲战胜国对接管德国在非洲和亚洲殖民地的贪婪，都阻碍了这一点——尽管至少讨论了南蒂罗尔、奥地利、巴尔干边界和欧洲其他国际法规定，但被殖民者的命运无一例外地不为任何瓜分者所关注。然而，威尔逊总统也违背了自己之前对爱尔兰裔美国人的承诺，即为建立一个独立于英国的爱尔兰国家而努力。因此，美国国会拒绝批准该条约；甚至中国也没有签署《凡尔赛条约》。两者在 1920—1921 年与德国签订了各自的条约。

对于魏玛共和国众党派而言，反对"凡尔赛"的斗争成为政治辩论交锋中的一个关键主题。没有一个帝国总理或政党领导人不引用"凡尔赛"作为论据来支持或反对这种或那种政策。虽然该条约的条款总被认为过于苛刻，并给德国人民带来了压迫性的经济负担，但从长远来看，它还是为德国在欧洲提供了相对广阔的政治和经济回旋余地。像古斯塔夫·施特雷泽曼（Gustav Stresemann）这样具有远见卓识的政治家们，一步步为德国争取到了更好的条件，使德国在 20 世纪 30 年代初成为欧洲主要经济强国。倘若《凡尔赛条约》真的过于严苛，德国绝不可能有那样的发展。除此以外，它还为希特勒及其党派提供了一个机会，既可以利用"凡尔赛"这个令人憎恶的象征进行宣传，也可以利用条约中确实存在的回旋余地，使德国成为欧洲的主要经济强国和主要军事强国。

↓《凡尔赛条约》要求德国交出所有军舰，自停战协定签订后一直驻扎在英国海军基地斯卡帕湾的德国公海舰队于1919年6月21日自沉

（五）政治谋杀——内战与日常暴力

战争使人们习惯于匮乏，并造成了恶劣的气氛，尤其是使人们对暴力变得麻木。四年如一日地在前线，这些暴力也随着士兵们返回德国而被接受为一种政治冲突的手段。虽然1918年秋天街头实际的革命相对来说是不流血的，并且是在渴望和平和结束杀戮的驱使下进行的，但是革命无法遏制现在许多作为复员士兵回来的人的暴行。战争只教会了他们杀戮和死亡，他们中的很多人唯一害怕的就是平民生活了。

←↑ 1月15日被自由兵团成员谋杀的德国共产党联合创始人罗莎·卢森堡和卡尔·李卜克内西

在这种情况下，德国各地都成立了军事协会。他们在革命时期出于信念而战斗，或者作为雇佣兵而战斗——但无论如何，他们都参战了。在柏林的内战更是非常明确地证明了这一点。政治谋杀，或者更确切地说是针对某些政治人物的谋杀，在1919年起便成为一种几乎每天都会发生的冲突手段。

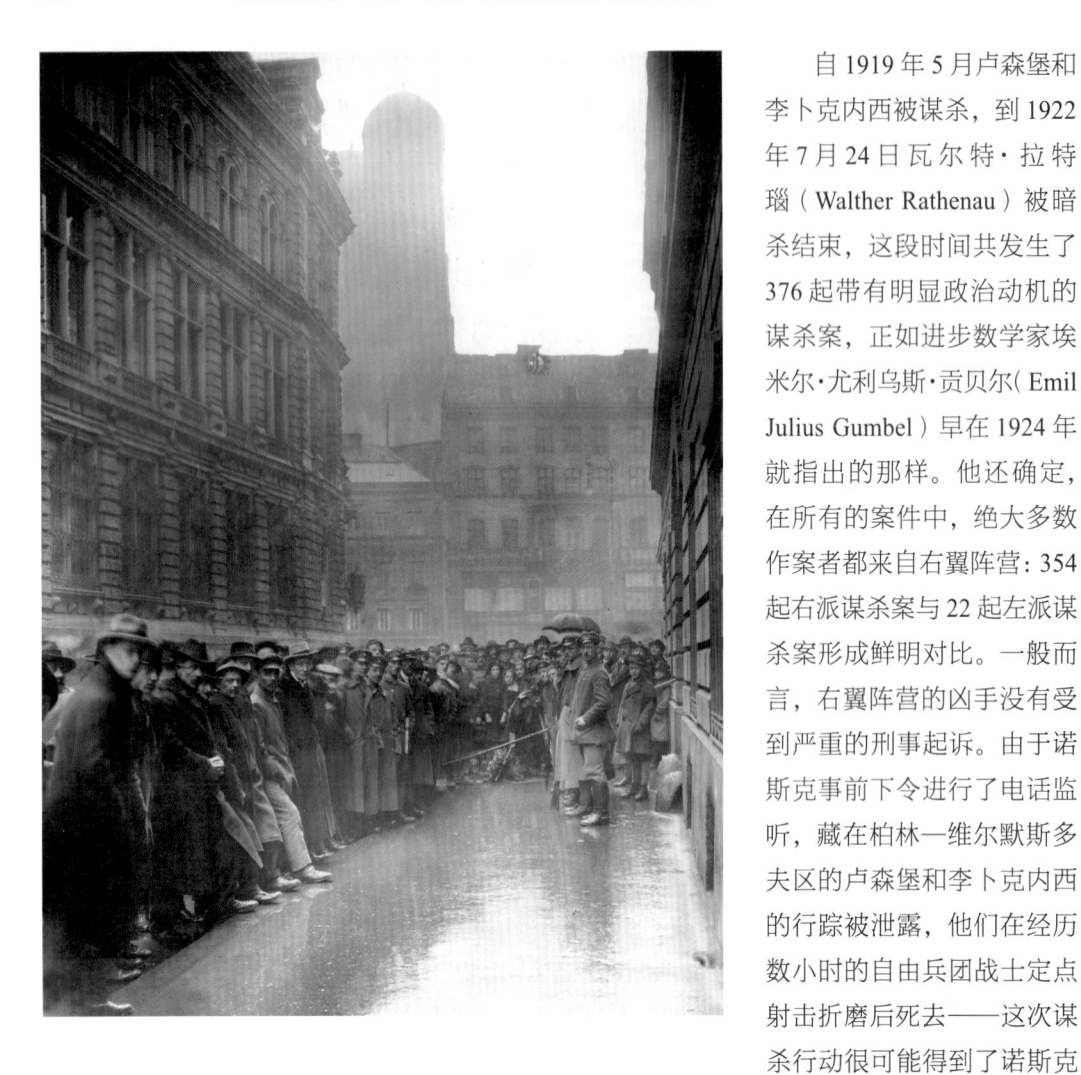

↑ 1919年2月21日，巴伐利亚州总理库尔特·埃斯纳在慕尼黑被暗杀后不久，一群人聚集在他被枪杀的地点

自 1919 年 5 月卢森堡和李卜克内西被谋杀，到 1922 年 7 月 24 日瓦尔特·拉特瑙（Walther Rathenau）被暗杀结束，这段时间共发生了 376 起带有明显政治动机的谋杀案，正如进步数学家埃米尔·尤利乌斯·贡贝尔（Emil Julius Gumbel）早在 1924 年就指出的那样。他还确定，在所有的案件中，绝大多数作案者都来自右翼阵营：354 起右派谋杀案与 22 起左派谋杀案形成鲜明对比。一般而言，右翼阵营的凶手没有受到严重的刑事起诉。由于诺斯克事前下令进行了电话监听，藏在柏林—维尔默斯多夫区的卢森堡和李卜克内西的行踪被泄露，他们在经历数小时的自由兵团战士定点射击折磨后死去——这次谋杀行动很可能得到了诺斯克的批准，且艾伯特也知情。1919 年 5 月，谋杀他们的凶手被无罪释放。德国共产党主席列奥·约吉切斯（Leo Yogiches）是卢森堡的继任者，也是她生前的生活伴侣，他于 3 月 10 日在柏林—莫阿比特区的拘留审查监狱被人从后脑勺开枪暗杀。德国独立社会民主党领导人雨果·哈斯于 11 月 7 日死于一个月前由一个据称患有精神病的工人所造成的枪伤。马蒂亚斯·埃尔茨贝格作为停火协议的签署者、接受《凡尔赛条约》的支持者和前帝国财务部部长，代表了无比可恨的"制度"，受到了大规模的抹黑。最重要的是，德国国家人民党议员卡尔·赫尔弗里希（Karl Helfferich）出了风头——也许出于个人仇恨——

出版了名为《离开埃尔茨贝格!》的小册子，并在书中呼吁谋杀埃尔茨贝格。这并非没有效果：自 1920 年以来在政治上一蹶不振、退休的埃尔茨贝格于 1921 年 8 月 26 日被谋杀了。凶手逍遥法外。他们是右翼恐怖组织"执行官组织"的成员，该组织由前海军军官和被解散的自由兵团"埃哈特海军陆战旅"的士兵组成，前护卫舰舰长赫尔曼·埃哈特（Hermann Ehrhardt）在该组织中担任"执行官"。"执行官组织"变成了反动右派最重要的暗杀工具：1922 年，他们对菲利普·施德曼采取了氰化物投毒暗杀行动，但后者幸存了下来；同年 6 月 24 日，他们对德国外交部代理部长瓦尔特·拉特瑙实施了暗杀。

↑ 巴伐利亚共和国中央委员会 1919 年 4 月 11 日的海报

然而，暴力行为不限于对个人的暗杀。因此，在柏林内战的同时，慕尼黑的革命也写下了特别血腥的一章。这也是由政治暗杀开始的：在卢森堡和李卜克内西被暗杀后不久，巴伐利亚州内阁总理库尔特·埃斯纳（Kurt Eisner）也成为暗杀企图的受害者。他曾经宣布巴伐利亚州为自由州，也担任过首任州内阁总理和外交部部长。但 1919 年 1 月 12 日的巴伐利亚州议会选举，对他和他的德国独立社会民主党来说是一场灾难：仅 2.5% 的选民给他们投了票。2 月 21 日，时值新一届州议会首次会议，这个 51 岁的柏林人因此想要宣布辞去总理职务。然而，这一切并没有发生：在前往慕尼黑议会大厦的路上，大学生安东·格拉夫·冯·阿尔考（Anton Graf von Arco）向谷地上的他开了两枪，将其打死，随后州议会宣布了埃斯纳被杀的消息，这导致了接下来发生的血案。

慕尼黑革命工人委员会的一名成员冲进了州议会，用步枪射击了内政大臣埃尔哈特·奥尔（Erhard Auer，德国社会民主多数党），使他和另外一名少校身受重伤。奥尔活了下来，而那名少校则身亡。另一名议员大概是被在观众台的第二名刺客射击，死于非命。

刺杀埃斯纳的凶手宣称，他枪杀内阁总理是为了把巴伐利亚从"红军专政"中解放出来，但他的做法引发了所谓的"慕尼黑第二次革命"：在共产党人和被害人的支持者占领了慕尼黑的几家报社大楼后，一个由德国社会民主多数党、德国独立社会民主党、德国共产党和工农兵革命委员会组成的"行动委员会"在巴伐利亚州首府掌权。他们建立了一个由11名成员组成的中央革命委员会，其主席恩斯特·尼基什（Ernst Niekisch）于2月25日在慕尼黑宣布工农兵革命委员会大会开幕。根据这次大会的决议，合法的巴伐利亚议会于3月17日召开，会上一致通过了由库尔特·埃斯纳提交的国家基本法，即《基本宪法》。德国社会民主多数党政治家、前文化部部长约翰内斯·霍夫曼（Johannes Hoffmann）当选为库尔特·埃斯纳的继任者。然而，巴伐利亚共和国中央革命委员会和慕尼黑革命工人委员会早在4月7日就宣布成立巴伐利亚苏维埃共和国，霍夫曼政府因此经纽伦堡逃往了班贝格。但所谓"第三次革命"后的苏维埃共和国同样没有持续下去。4月12日至13日夜间，慕尼黑部分驻军发动了政变，第二天他们的兵变就被共产党人镇压了。慕尼黑共产主义工兵革命委员会发起了第四次革命，罢免了中央革命委员会并建立了一个由马克斯·莱维恩（Max Levien）和尤金·莱维内（Eugen Levinés）担任主席的四人执行委员会，并将立法权移交给了该委员会。苏维埃专政的主要特点首先是内部分裂，几乎没有具体的政治目标。马克斯·莱维恩周围的激进派共产党人与恩斯特·托勒（Ernst Toller）周围的温和派共产党人之间出现了分歧，后者的领导人是作为巴伐利亚工农兵革命委员会主席继任者的库尔特·埃斯纳。4月29日红卫兵专政在慕尼黑宣告成立。

1919年5月2日，慕尼黑的苏维埃共和国终于结束了。"流亡摄政王"约翰内斯·霍夫曼此前请求部队增援，现在他们作为所谓的"白卫兵"，攻打苏维埃共和国，这支部队即由巴伐利亚、符腾堡和普鲁士邦政府军和自由兵团组成。他们极其残暴的行动夺去了超过1000条生命，包括未参战的市民，其中的一些人仅仅因为被怀疑是共产主义者就被谋杀。白卫兵很快使慕尼黑陷入战争状态，他们实施了许多其他政治暗杀，其残忍程度和数量，不费吹灰之力地使以前已知的一切都黯然失色。为非暴力无政府主义服务的社会主义作家、苏维埃政府的主要成员古斯塔夫·蓝道（Gustav Landauer），于同一天被自由兵团逮捕，他被带到斯塔德海姆监狱（又称慕尼黑监狱）并被残忍杀害。第二天，鲁道夫·埃格霍夫（Rudolf Eglhofer）死于一次实际上是处决的"越狱未遂"。这名逃亡的水兵曾是红卫兵的负责人，对4月30日慕尼黑吕特波尔德高级文理中学10名人质的死亡负有责任，他开枪射杀这些人质是为了威慑涌来的大批政府军的和自由兵团士兵。苏维埃共和国的其他领导人尤金·莱维内、托比亚斯·阿克塞尔罗德（Tobias Axelrod）、恩斯特·托勒、古斯塔夫·克林霍夫（Gustav Klinglhöfer）和恩斯特·尼基什后来也都被捕了。对他们的审判，或者说是示众审判，是魏玛共和国政治司法的特点。

自由兵团部队和正规军的暴力过激行为夺去了整个帝国约5000条生命，并彻底结束了苏维埃共和国的短暂统治。慕尼黑成为局势发展的负面高潮：不来梅、布伦瑞克、曼海姆和维尔茨堡的苏维埃共和国被少许暴力镇压，或者在受到威胁后自行解体。然而，约翰内斯·霍夫曼在此期间与州议会一起回到了慕尼黑，于5月31日开始担任巴伐利亚州总理。同一天，几个月前被谋杀的罗莎·卢森堡的尸体终于在柏林的兰德维尔运河被发现了。

↓ 1919年5月初，在镇压慕尼黑苏维埃共和国期间，政府军士兵与一名被俘的红卫兵在一起

（六）社会氛围与社会状况

> 我遇到了一位无可非议的县长，他还抱怨不停，
> 在战争中仍然得到了一个贵族身份和一枚巨大沉重的勋章。
> 一切都是国王的恩典，现在是社会主义者统治。
> 看吧，所以战争结束了，很遗憾。

↓魏玛共和国自建立以来最大的困难之一仍然是"背后捅刀子"，见于1924年的德国国家人民党选举海报

1919年著名的幽默大师、杂耍剧场艺术家奥托·罗伊特唱的讽刺性歌曲，对描述许多德国人的内心矛盾来说，可谓一针见血。理想情况下，民主的政体不仅在宪法中确定下来，而且通过各界人士的行为来实现。然而，在

1918—1919年的德国,这只在有限范围内得以实现:当然,绝大多数人对期盼已久的战争结束表示欢迎,并首先希望食物短缺的问题能得到缓解。但如果能够解决最紧迫的问题,想必大多数德国人也会忍受君主制、德皇制和新闻审查制度。但他们并没有这样做;在马克斯·冯·巴登接管政府并向威尔逊总统提出停战建议后,后者也明确表示,君主制是和平道路上的决定性障碍。因此,虽然德皇和德国将军们现在被大多数德国人认为是陷入绝境的罪魁祸首,但民主不一定是救世主。相反,它被失败的耻辱所玷污,敌人随后又强加给它一项和平条约,大多数人只能将其视作屈辱。这种观点在整个魏玛共和国时期都未曾改变过。

到底应该如何在德国既建立起民主的政府组织形式,又使之拥有具有民主意识的民众、具有民主的公务员制度的民主化国家机器、民主的行政部门和警察部队甚至军队呢?起初这一切都是缺少的,甚至连寻找有吸引力的符号都是徒劳的,在世界大战的废墟上、在战败和《凡尔赛条约》中诞生的民主并没有完全形成积极意义上的认同。此外,共和国的建立、停战协议的缔结和随后的《凡尔赛条约》本已包含"懦弱的"社会民主党人向勇敢的、不败的军队"背后捅刀子"。这正在最高陆军指挥部考虑之中。这在整个魏玛共和国时期都是最有力的反宪政权利合法化的策略。然而,在社会民主党方面,建立全新起点的意愿也缺乏。争取民主和资产阶级议会制的努力实际上需要与旧派精英阶层合作。因此,没有与帝国或与其行政、司法、中学、大学和其他领域的公务员进行决裂,也没有与对剧烈变化的环境不怎么赞同的其他方面进行决裂,最多也就将个别特别不忠诚的公务员换成更具共和思想的人员,或者让民主党人担任行政部门和政府机构的负责人。然而问题在于,结构上根本没有任何变化。这对军队产生了特别大的影响,军队与政府的关系也越来越疏远:事实上,几乎没有一个军官想过要真正臣服于共和国,但只要与社会民主党达成的协议对保留自己的活动空间和在必要时镇压左翼的起义有用,军队就会保持沉默。

但社会革命在政治和宪法意义上是必要的。战争的遗产最初包括社会各领域的全面国有化。当然定量食物配给对德国人的日常生活产生了最剧烈的影响,但国家对电影制作的控制、对已严格受限的文化产品和报纸进行相对严格的审查也是其中的一部分。即使是保守精英们也无法对这些问题视而不见,这给新开始带来了沉重的负担。正如之前的经济形势一样,战时经济转向——主要是向军备生产的转化——导致了巨大的供应短缺。这又导致了以黑市商人和投机者主导的黑市的崛起和通货膨胀的开始。而这一情况直到1923年才达到顶点，几十年来它一直被认为是德国人的经济创伤。但是它的开始和起因既不在于民主制度，也不在于自由市场经济，而只在于战争。非法市场提供了早已被配给——例如在1918年歉收的水果——或被国家没收的一切。黑市商人要求的最高价格几乎无法支付，通货膨胀使以货币换商品的交易甚至对于这些黑市贩子而言也毫无吸引力。很快，一些瓷器、玻璃器皿或传家宝易主，以交换水果、黄油或咖啡。随之而来的是入室盗窃、偷窃、抢劫等犯罪行为的急剧增加。最迟在1918年9月1日，当柏林的帝国统计局公布了德国境内的令人震惊的犯罪数字时，大家也都清楚了，德国在经济上已经完全崩溃了。然而，恶劣的经济形势——特别是粮食状况不佳，不仅导致了犯罪率上升，而且导致了疾病增加和致死率上升。流行病的传播也影响了前线，在那里，数十万营养不良的士兵挤在战壕里，由于不可能遵守最简单的卫生规则，他们轻而易举地成为传染病的猎物。1918年，全欧洲都被所谓的西班牙大流感波及，这是一种特别具有攻击性的流感病毒。据估计，至1920年，全世界约有5000万人成为这种大流行病的受害者，其中仅1918年的德意志帝国就有约18.7万受害者。

面对如此大规模的问题，共和国也有它真正的支持者，他们认为只有共和国才能解决这些问题：国会选举显示，五分之四的德国人既没有投票赞成进步的革命化，也没有投票支持恢复君主制。德国工业化进程之高，以至于无法承受其行政当局的崩溃，而这种崩溃是由革命的延续而让人担心的。但是，德国也面临着巨大的经济和社会问题，根本不可能给苦难的罪魁祸首——德皇和他的军队——任何机会。因为革命产生了实际的基本权利和自由，这些权利和自由现在被载入共和国的宪法中：人身自由、通信自由、集会自由、新闻自由和言论自由，司法独立，不分性别、年龄、宗教信仰、种族或社会阶层，所有德国公民在法律上一律平等的权利。诸如八小时工作制、公司全体员工共同决定权，以及通过公民投票、议会和总统选举直接参政的权利等成就，远远超过了当时大多数其他宪法为其公民所提供的权利。所有这一切都指向了未来，而这一切工作的速度和效率都表明了解决问题的真正能力。这意味着，除了深信不疑的民主党人，那些不太熟悉民主和议会制，但很现实地看到目前没有更好选择的理性的共和党人加入了进来。因此，德国内政部长爱德华·戴维（Eduard David）欣喜地表示，德国现在拥有世界上最民主的宪法，这话并非毫无道理。当时几乎无人不知，全民公决在实践中起不到任何作用，帝国总统被赋予了灾难性的权力以制衡帝国议会，非理性将再次使许多理性的共和党人成为共和国的敌人，而民主也为它的敌人提供了废除民主的所有政治手段。

此外，党派格局缺乏透明度，这导致了之前在德国从未出现过的问题：根据魏玛宪法，在算术上有权获得席位的每个党派都可以进入国会，没有像今天百分之五的选举门槛这样的限制条款。因此，他们不得不组建由三个或者更多政党组成的联合政府。但登上政治舞台的政党越多，组建政府的难度就越大，政局对选民来说就越混乱。例如，社会民主党分裂为德国社会民主多数党和德国独立社会民主党，这对革命进程相当重要。然而，1918年11月的革命事件也导致了斯巴达克联盟的分裂，一个月后，斯巴达克联盟从社会民主党派中分裂出来，成为德国共产党。在动荡时期，这三个政党都通过其作用——假定的或实际的——使自己获得了强大的合法性。然而，除了巴伐利亚州德国独立社会民主党领导人库尔特·埃斯纳，没有一个人可以声称对这场动乱负有政治责任，他实际上第一次成功地推翻了德国君主。因此，他们不断地承受压力使自己在"客户"面前合法化，但广大工人和士兵并不关心哪个党派到底代表哪种社会主义形式。在有疑问的情况下，他们都宁愿在工人阶级中呼吁广泛团结，而不是挑起任何形式的政党政治争端，无论它在民主上如何合法化。根据普遍的观点，这一点最好的体现是德国社会民主多数党，但它并不是革命党："如果皇帝不退位，那么社会革命不可避免。我不想革命，是的，我恨它如恨罪恶。"弗里德里希·艾伯特在1918年11月6日这些明确的话，由马克斯·冯·巴登在他的回忆录中传了下来。皇帝退位作为拯救君主制的代价——这正如艾伯特和德国社会民主多数党所愿。帝国总理和军方完全站在了他们这边。但事情的结果并不同，在1918年11月和随后几个月的血腥日子里，人民赢得了在当时的情况下只能在共和国中实现的自由权利，这就导致了德国社会民主多数党突然成为这场革命的承担者，因为它得到了群众的信任。事实上，德国社会民主多数党同时遏制了革命，甚至准备与旧派精英和军方合作，他们随后进行了真正的血腥屠杀，特别是在柏林和慕尼黑，在其他地方也是如此。很快就产生了这一说法："谁背叛了我们？社会民主党人！"尽管德国社会民主多数党、德国独立社会民主党和德国共产党起初关系非常密切，但它们对彼此的看法变得激进起来。合作很快就没有可能了。从那时起，社会民主党和德国共产党就将彼此视为意识形态的死对头，从而掩盖了他们对真正对手的看法。因为旧派精英和军方丝毫不感激德国社会民主多数党在帝国灭亡后保证了他们的生存。他们只是在等待时机到来，以废除可恨的共和国，让历史的巨轮回转。这方面的机会很多，特别是在德国民主的早期。

→ 1919 年 1 月 19 日，在柏林的一个投票站，社会民主党、民主党和中央党的联合选举海报前的男人和女人，上面有 1848 年革命的黑红金旗，用于国民议会选举

Hausmarke 30P
Mittagstisch
Hausmarke 30Pf.
Frühstück u.
Kulmbacher
Bierhaus
Reichelbräu
Sofie Baer

↑乔治·格沃兹的画作《社会的支持》，1926 年

第二章
1920—1923：
民主实验

（一）长期的经济危机

第一次世界大战以后，德国确实负债累累。这场战争花费了1540亿马克，全部由德国人民支付。不仅累积的税款流入了战争，许多人甚至甘愿将他们的储蓄投资于战争债券，并希望自己能连本带利全部拿回来——当战争胜利时，再从战败国人民身上榨取。毕竟，大约60%的战争经费是以这种方式支付的。然而胜利没有到来，这重担德国人不得不自己承担。除了巨额债务，经济已经完全转为战时生产，因此在和平时期最初无法生产任何本有可能引发经济增长的、有用的东西，这使情况更加恶化。"现在的鸣炮，升起和平的旗帜有什么用？"1919年杂耍歌手奥托·罗伊特嘲讽地问道。随后《凡尔赛条约》最终禁止了军备物资生产，并要求德国提供煤炭和钢铁——作为战争补偿，这也会使人们为和平目的而工作。在国家预算方面，纳税人还必须缴纳战争赔款，照顾伤残者和遗属，修复战争造成的损害，使返乡士兵融入平民生活，为在萧条的经济中找不到工作的失业大军建立基本社会保障。这笔支出没有任何财政收入配合。没有任何东西可以出

↑ 关于1919年《凡尔赛条约》中规定的德国割让领土和进行战争赔款的海报

口，在国民购买力急剧下降的情况下，任何一个国家财政的窟窿都无法填补。财政大臣马蒂亚斯·埃尔茨贝格实施的改革，确实带来了自1919年以来直接税收的大幅增长。然而，重要的海关税收几乎完全丧失，因为德国大部分对外贸易都是通过莱茵兰州进行的。莱茵河是德国最重要的"交通静脉"，它连接了鲁尔工业区——煤炭和钢铁生产中心，也是全欧洲重要的工业中心之一，而莱茵兰则是连接德国最重要的贸易伙伴法国的纽带。正是因为这里被战胜国占据，海关当局不再拥有任何海关主权。这首先符合法国的利益，因为一个弱小的德国为其不再担心东部邻国再次进攻提供了最佳保证。

但更重要的是，战胜国要求对它们所遭受的损失进行赔偿，即所谓的战争赔款。这些绝不能仅以现金支付，还应该以实物赔偿。因此，如此一算，德意志帝国就必须让其他参战国经济发展起来，因为在这次战争中这些国家的经济也在衰退。或如法国总理乔治·克里孟梭所言："让德国人全部掏腰包！"更确切地说，德国在第一次世界大战后，应赔偿 1320 亿马克。然而，到 1932 年实际仅偿还了近 208 亿马克，主要是煤炭和钢铁的实物交付。因此，比实际金额更重要的是战争赔款对德国民众产生的心理影响：根据普遍的看法，德国人被外国奴役了。而事实上，通过生产有形资产无偿交付给战胜国，在没有加强对外经济的情况下，国内经济进一步丧失了经济实力。毕竟，没有一家英国、法国或比利时公司能够与德国免费提供的原材料和工业产品竞争。德国国家预算中的巨大窟窿由帝国银行的贷款填补，但帝国银行不能提供任何具有实际等值的黄金、商品或服务等资产，因此不得不为此目的不断地印制纸币。这种货币急剧贬值必然导致整个经济体系的崩溃，因为钱一天比一天多，但却没有更多的商品或服务可以用它来购买。简而言之，钱越来越不值钱，一切都变得越来越昂贵。当然，通货膨胀的发生不是战后的原因，因为战争本身已经很大程度上是由印刷厂提供资金支持。

这个问题根本无法解决，因为既要满足协约国的要求，又要在经济上自力更生，这远远超出了德国的能力。因此，在 1919 年至 1923 年，帝国政府的更迭只能像以前一样继续，并让印钞机热火朝天地运转。这并非出于无能，而是出于政治动机。通货膨胀使货币贬值，债务也随之贬值。在这样做的过程中，人们极不情愿地接受了，这一政策同时毁掉了数百万人，尤其是中产阶级。人们的积蓄逐渐减少，最终一文不值。显然，对此没有任何政治上的选择，尤其是由于国家破产随时可以归咎于战胜国及其赔偿要求。1923 年，崩溃终于来临：自 1 月起，物价日益增高，自 7 月起物价几乎每小时都在上涨。早晨发放的工资必须立即花掉。在全德国，每周有同样的生存斗争成为街景的一部分：在发工资的早晨，人们在公司的工资办公室排起了长队，男人们用洗衣篮带着几乎毫无价值的纸币回了家——在那里，他们把钱交给了妻子。与战争期间妻子们大多重返家中做家务不同的是，现在她们以最快的速度赶到商店购买食物和衣服。在商店也排成了望不到头的长龙，因为每个人都知道，下一次涨价可能在中午就会出现，那时的钱会更不值钱。例如 1918 年一个面包大约 50 芬尼，1922 年为 163.15 马克，1923 年 1 月为 250 马克，7 月为 3465 马克，9 月已经涨到了 1512000 马克，11 月 201 亿马克，即约为 9 月价格的 13.3 万倍。自秋季以来，价格上涨如此之快，以至于许多地方的人们都恢复了无现金交易。在货币贬值的顶峰——1923 年 11 月 15 日，1 美元可兑换 4.2 万亿马克。在这种背景下，很容易理解为什么非法贸易会蓬

↑ 在乞讨的战争伤残者与一级铁十字勋章，摄于柏林，1923年

勃发展。通货膨胀的受益人包括"投机商"：不论什么门路，他们都能设法找到食物和享乐品，以持久的价值出售它们，来换取技术设备和瓷器。那些买得起的人把钱投资到房地产、土地、工厂或剧院以抢救他们的钱。在许多情况下还可以赚钱：最大的通货膨胀受益人之一是鲁尔工业家雨果·斯汀内斯，他的贸易、采矿业和重工业集团在国际企业相互依存关系和经济—政治权力方面树立了新标准。他几乎完全靠信贷融资，建立了一个庞大的企业集团，他在1924年去世时拥有4500多家公司和3000多个生产基地的控股权。因为在通货膨胀中，没有什么比在生活必需品领域投资的贷款更容易获得：煤炭和钢铁业、航运、纸浆厂及类似部门。

通货膨胀的积极影响是——正如预估的那样——导致德国的巨额债务消失了。1918年国家欠战争债券认购者和银行的1540亿马克，到1923年11月还值15.4芬尼！虽然因此德意志帝国不再负债，但是经济终于崩溃了。11月15日开始运营的"国家银行"，设法消除了这一问题。在货币大幅贬值的过程中，一万亿纸币马克变成了一枚单一的、新推出的地产抵押马克。而4.2枚地产抵押马克相当于1美元。地产抵押马克只是基于农业土地和工业资产的抵押贷款，而非在此之前的黄金价值。贵金属的价格可以波动，而以工业和农业为后盾的价值则给人们灌注了信心,尽管这些价值事实上无法实现。毕竟,没人可以将这些抵押贷款换成真正的钱来购买商品或服务。然而,新货币还是被接受了,印钞厂被依法关闭了:两个简单的补救措施战胜了通货膨胀。但通货膨胀留下的结果是在经济上遭到毁坏的人口以及甚至无法通过股权资本来弥补其运作资金的银行系统。两者都在魏玛共和国的最后阶段产生了灾难性的影响。

↑两千万马克纸币,1923年

←1923年10月,恶性通货膨胀已经到了如此地步,人们需要每天用麻袋从柏林的帝国银行领取工资

（二）"敌人站在右边！"——政变和政治危机

德国糟糕的经济状况无助于为共和国赢得朋友和支持者。虽然在革命初期，左派政治阵营的起义想要推翻现有的关系，但从 1920 年开始，情况完全不同了。现在右翼部队——首先是自由兵团——已经在镇压左翼的起义中显示出他们的残暴。他们主要是在社会意义上对国家构成威胁，但不是严格意义上的共和国的替代者。

1920 年 1 月 10 日，《凡尔赛条约》正式生效。此时军事的种子开始发芽了：有人说，战败和"可耻的和平"应归咎于"十一月的罪犯"。与他们的斗争被转化为一种爱国的责任——"拯救"祖国。早在 1919 年 10 月，在鲁登道夫将军的帮助下，一些愿意参加反共和国的政变军官就组成了"国民协会"。这背后的推动者是瓦尔德玛·帕布斯特（Waldemar Pabst）上尉。政治傀儡是具有民粹思想、鲜为人知的东普鲁士总局局长沃尔夫冈·卡普（Wolfgang Kapp）。鲁登道夫、卡普与"自由兵团之父"瓦尔特·冯·吕特维茨（Walther von Lüttwitz）将军关系非常密切。

在 1919 年的柏林三月斗争中，吕特维茨和帕布斯特已经共同展示了他们在打击任何他们认为是"左派"的人方面的严厉态度。当时，工人阶级的一些部门在德国独立社会民主党的支持下，提出了关键行业社会化和实行理事会制度的要求，并在 1919 年 3 月 3 日举行了大罢工。魏玛防卫军部长诺斯克已经下令部署军队，而吕特维茨作为负责柏林及周边地区的总司令部的总司令，非常乐意服从。他的部队中还包括帕布斯特实际领导的近卫骑兵步枪师，该师曾在 1 月表示对罗莎·卢森堡和卡尔·李卜克内西的谋杀事件负责。从起义者袭击警察总部的亚历山大广场开始，部队向东北方向推进，穿过弗里德里希斯海因（Friedrichshain）和普伦茨劳尔贝格（Prenzlauer Berg）的工人区，向仍然独立的利希滕贝格市前进。诺斯克利用起义者在利希滕贝格杀害 60 名警察的蓄意虚假报告，下达了在各方面都不合法的射击命令。这让吕特维茨本就残暴的做法火上浇油：他用重炮向居民区开火，导致房屋被烧成灰烬，居民被按紧急状态法枪决。到 3 月 13 日利希滕贝格不战而降时，已有 1200

人丧生，而射击令直到 3 天后才被解除。

当一年后《凡尔赛条约》生效时，40 万人的军队不得不迅速缩减到 10 万，120 多个自由兵团中的大部分不得不被解散。其中包括驻扎在柏林附近的海军艾哈特自由兵团，2 月 29 日，魏玛防卫军部长诺斯克下令解散该兵团。此时对吕特维茨来说，情况变得不堪一击：他违抗命令，要求立即停止进一步削减部队，同时要求帝国总统辞职和政府解散。政府丝毫没有考虑他的要求，直接把这个不听话的指挥官解雇了。在其精神和经济受到威胁时，在吕特维茨的领导下，在鲁登道夫的支持下，艾哈特旅自由兵团于 1920 年 3 月 13 日进军柏林——对祖国的热爱有时可以基于相当乏味的经济理由。政变者宣布卡普为帝国总理，尽管卡普和他的"国民协会"在进军柏林中没有发挥任何作用。现在诺斯克做了他一直在做的事情：他召集了魏玛防卫军来击毙起义者。然而，现在他不得不吸取一个惨痛的教训，即魏玛防卫军虽然特别愿意镇压左派起义，但没有表现出对抗右翼政变者的倾向。"部队不向部队开枪"，帝国国防总指挥汉斯·冯·塞克特（Hans von Seeckt）如是说。在这里，库尔特·图索斯基（Kurt Tucholsky）的文章《军备》所谴责的思想，以及作家西奥多·普利维尔（Theodor Plivier）1932 年在他的小说《皇帝走了，将军们来了》的标题中简明扼要地阐述的思想，变得非常清楚。无论如何，帝国总理古斯塔夫·鲍尔、他的多数部长、大多数议员和总统艾伯特随后从柏林逃到了斯图加特。然而，政变者却漫无目的：卡普的强项更多的是在于无条件地颂扬"过去的好日子"，而不是安全处理现在的问题，并规划未来的可行计划，而吕特维茨除了对魏玛防卫军部队的"工作保障"有兴趣，对他在政治上能做什么根本没有具体想法。

社会民主党宣布了总罢工，并联合德国独立社会民主党、工会和——在自己的号召下——罢工的德国共产党。它成为德国历史上规模最大的一次总

↑社会民主党国防部长古斯塔夫·诺斯克与瓦尔特·冯·吕特维茨将军在对话，照片由瓦尔特·吉克（Walter Gircke）拍摄，1919 年前后

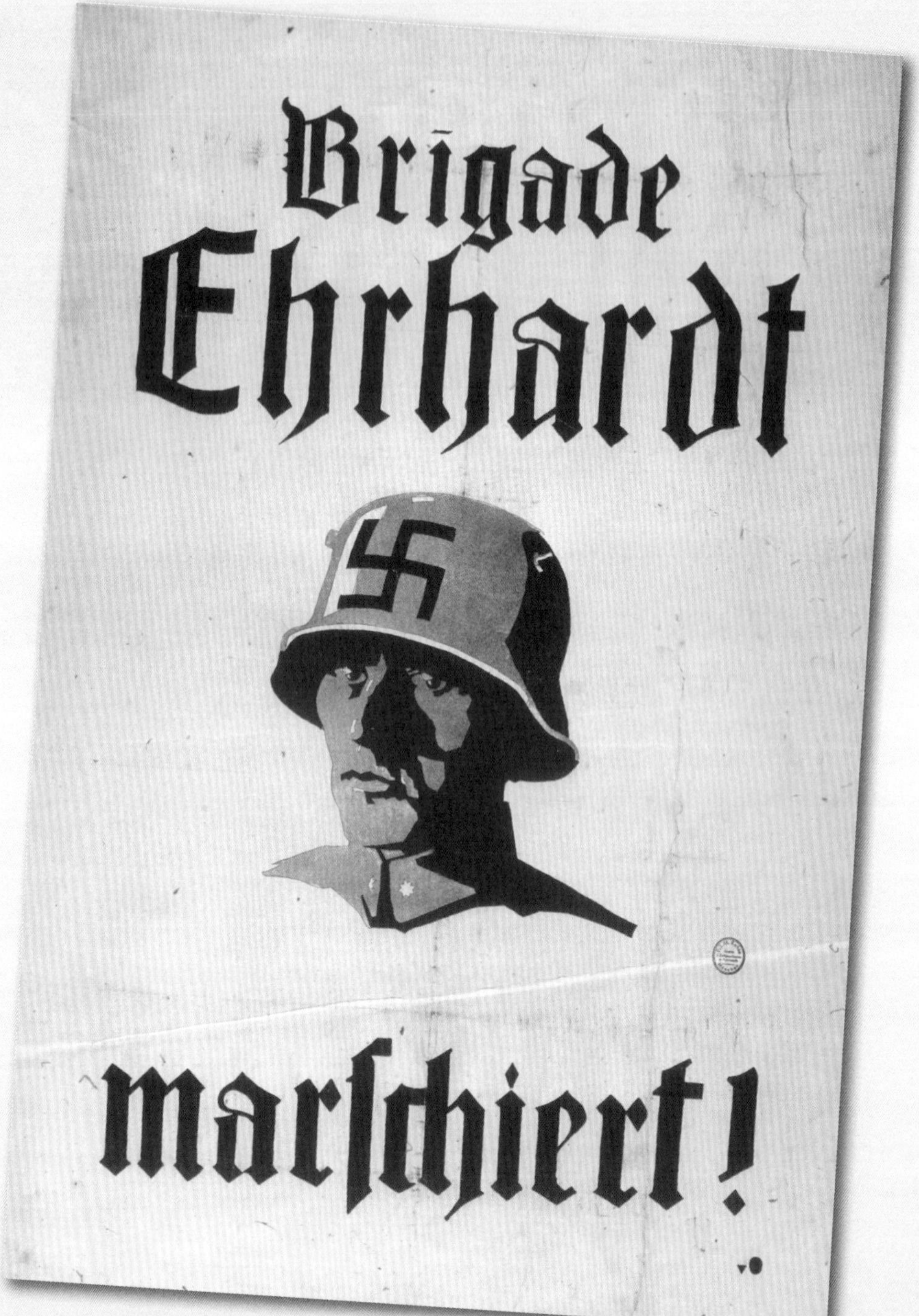
Brigade
Ehrhardt
marschiert!

罢工。伴随着政变者与工人间的武装冲突,以及有多达 25 万名参与者的超大型示威游行,所有的轮子都停了下来。柏林政府既拒绝与卡普合作,又拒绝向政变部队支付工资。3 月 15 日,星期一,大罢工就已经席卷了整个德国:邮政、电话、铁路——一切都不再工作,柏林与外界隔绝,没有照明,煤气和自来水断供。就这样,政变崩溃了:3 月 17 日,卡普逃往了瑞典。吕特维茨仍然试图靠自己的力量留在柏林,但如果没有魏玛防卫军的积极支持,他的行动就注定要失败。而魏玛防卫军一再地采取观望态度,尽管德国国家人民党和一部分德国人民党支持政变,但面对大规模的反击运动,他们完全无能为力。

← 在 1919/1920 年的动荡中,"卐"字——在艾哈特海军自由兵团的海报上——发展成为右翼反革命的象征

大罢工也许是维护共和国的最后一次武力示威。然而,接下来的事情让人感到痛苦和失望。尽管政府很快回到了柏林,但它几乎没有对未遂的政变进行追责。不忠的官员和军事人员都没有被开除,政变者也没有受到惩罚。在东普鲁士,除了柯尼斯堡市市长汉斯·洛迈耶尔(Hans Lohmeyer),几乎整个政治领导层都站在了卡普一边,首席主席、三位区长和大多数州议员都被解雇了。然而,许多来自柏林的政变者能够无阻碍地逃到巴伐利亚,在那里,反动派古斯塔夫·里特·冯·卡尔(Gustav Ritter von Kahr)自 1920 年 3 月 16 日以来一直担任总理一职。魏玛防卫军解除了 48 名军官的职务,但他们在军事审判时以无罪释放而告终。唯一自首的主要政变者是柏林警察局前局长特劳戈特·冯·雅戈(Traugott von Jagow)。然而,法院给这位单行道的发明者找到了另一个方向的车道,证明了他的"无私爱国主义精神",也仅以"协助和教唆叛国罪"判处他最低限度的五年堡垒监禁,这也被称为"荣誉监禁"。另一个宽大处理的证据是,他只需服刑三年。

左翼团体曾利用大罢工把它变成第二次革命或用它完成第一次革命。在柏林,苏维埃运动得到了加强,在各工厂中组织了革命委员会的改选,并于 3 月 23 日召集了由 1000 名代表组成的大会,其中大多数人属于德国独立社会民主党和德国共产党。与德国社会民主多数党主导的工会一样,他们反对继续进行大罢工,但威胁说,如果政府军继续向鲁尔地区推进,他们将继续罢工。因为在那里和萨克森—图林根工业带,由德国独立社会民主党和德国共产党领导,在独立武装部队的带领下,爆发了起义。早在 3 月 14 日,包括社民党在内,左翼各政党代表在埃尔伯费尔德开会,起草了一份联合倡议书,要求"通过无产阶级专政获得政治权力"。有多达 5 万人参加的红色鲁尔

↑卡普政变期间，起义士兵封锁了柏林威廉广场

军，在反对政变者的斗争中取得了非凡的成功。在韦特（鲁尔）附近以及多特蒙德发生了一些战斗，红色鲁尔军在这些战斗中击败了自由兵团，并逮捕了数百人。3月20日埃森成立了工人委员会中央委员会，另一个工人委员会现在在鲁尔区的部分地区掌权，总部设在哈根。大多数起义者都没有计划过反对合法政府的起义，但当政府重新执政，要求结束总罢工，甚至威胁要出动魏玛防卫军时，他们就别无选择了。最后一次调解尝试——《比勒费尔德协议》——之所以失败，完全是因为魏玛防卫军的高压行动，它毫不犹豫地在武力威胁下发出了最后通牒。随后，埃森中央委员会于3月29日再次召集大罢工，约四分之三的矿工——30多万人——参加了罢工。杜塞尔多夫和埃尔伯费尔德很快被他们控制，到3月底，整个鲁尔区都被他们控制了。于是，国家展开了反击：魏玛防卫军——包括两周前支持过卡普政变的部队！——与其中大多数人曾支持卡普政变的自由兵团部队一起进入鲁尔区，并从明斯特开始，发动了一场血腥的内战。3月31日，他们在赫林根和博克姆—霍维尔射杀了第一批起义军，在4月的头几天，死亡总人数已经达到约300人。死刑和大规模的处决伴随着魏玛防卫军和自由兵团的横冲直撞，直到他

们 4 月 6 日攻占多特蒙德。三天前，帝国总统艾伯特已经禁止临时军事法庭开庭，但他的话对军方来说意义不大。直到 4 月 12 日，指挥官奥斯卡·冯·瓦特（Oskar von Watter）将军才禁止他的士兵从事"非法行为"，但一连几天都有人被任意杀害——无论是男人、女人、伤员、囚犯，还是被错认或实际的红色鲁尔军成员，这都不重要。只有鲁尔区的英国占领军才能制止过度的暴力：它威胁说，如果魏玛防卫军不按照《凡尔赛条约》的规定从鲁尔区撤军，它就会占领贝专舍斯专区。

↑1920 年春，莱茵－威斯特法伦州工业区的红色鲁尔军成员

在三月的起义中，共和国浪费了它最后一次获得承认的机会：它无法对右翼政变者采取行动，却愿意帮助他们对付左翼起义军，这对双方来说只是一个需要迅速克服的敌人。然而，右翼阵营已经取得了全面胜利，从此他们对共和国的威胁远远超过了左翼。1920 年 6 月 6 日的选举对各州的政党来说是一场灾难：只有 47.7% 的选民将票投给了社民党、德国民主党和中央党。在不到一年零五个月的时间里，他们已经失去了 30% 以上的选民。由于部分支持卡普政变，德国人民党无疑离开了忠于宪法的政党圈子——因此实现了近 10% 的增票。1922 年 6 月 24 日，时任德国外交部部长的瓦尔特·拉特瑙在

柏林-格鲁内瓦德区遭遇暗杀——这是右翼恐怖组织数百起谋杀案的悲壮高潮。作为回应，两天后政府颁布了《保护共和国条例》，该条例于1922年7月18日被帝国议会确认为《保护共和国法》，并规定对攻击共和国或其代表的行为给予最严厉的处罚。在拉特瑙遇刺后第二天的帝国议会会议上，帝国总理约瑟夫·维尔特（Joseph Wirth）做出明确表态，他用手指着德国国家人民党的议员："敌人站在那里，他把他的毒药滴在人民的伤口上。敌人站在那里——这一点毋庸置疑：这个敌人站在右边！"

←瓦尔特·拉特瑙，爱德华·蒙克（Edvard Munch）的画作，1907年

（三）少数群体、平等和歧视

"菩提树下大街对最衣衫褴褛的流浪汉也是开放的，他们现在甚至被允许穿行勃兰登堡门的凯撒门，如果他们高兴的话。共和国确保了这一点。不用再烤制多余的香肠。[1] 我们都是平等的公民。"今天几乎被人遗忘的恩斯特·哈夫纳（Ernst Haffner）在他 1932 年的小说《走在柏林乡村公路上的青年》中不无苦涩地讽刺性地写道。这本书在 2013 年以《亲兄弟》为名重新发行，因为这本令人印象深刻——同样几乎被人遗忘——的书是关于柏林街头儿童和青年的悲惨生活的。尽管共和国为所有人提供了平等的权利，但资源分配不均的现象依然存在，在危机时期尤为突出。虽然有正式意义上的法律平等，但社会歧视和迫害还是经常发生。然而现在，革命和共和国初期的情况已表明，开口疾呼是值得的。为自己的权利站出来——不是用手中的武器，而是以宪法为依据——这在君主制时期是不可想象的。虽然帝国并不是真正意义上的不公

← 1908 年，马丁·迪波比在西里西亚门地铁站担任列车司机

---

[1] 意为没有人高人一等。——译者注

↑ 魏玛共和国时期德国民族社会集团的反犹主义选举海报（文字意为"德国的阴影"）

正国家，但它的整个历程都在强烈反对并拒绝一系列确定的个人基本和社会基本权利。

魏玛宪法改变了这一点：在文件中写着，男女平等，德国公民之间不再有任何区别，无论宗教、（成年）年龄、性别或种族血统。然而，在实践中，确实存在大规模的歧视，特别是针对民族血统的歧视。与今天不同的是，在魏玛共和国早期，少数民族并未占到总人口的 5%，但索尔布人（Sorben）、辛提人（Sinti），以及犹太人已在这个国家生活了几个世纪。例如 1919 年，在德国的喀麦隆人授权柏林地铁司机、坚定的社会民主党人马丁·迪波比（Martin Dibobe）代表他们给魏玛的国民议会写了封信。迪波比本人出生在喀麦隆，1896 年来到柏林，与其他许多非洲人一起作为人类"展品"在一个殖民地展览中展出。由于这一中非国家于 1884 年与德意志帝国签订了"保护条约"，实际上已成为德国的殖民地，因此，迪波比主张他和他的同胞在民事完全平等、工资平等、工作时间"废除虐待和侮辱"的条件下，仍然是德国公民。这种歧视显然是非法的，人们有权与之斗争。但至少在流行的舞曲中，如"是的，一片混乱"或"黑人咬了他的孩子"——不是字面的意思，只是煽动了仇恨和犯罪行为——日常的种族主义和从殖民时代开始所谓"白种人的优越性"的思维模式表现出来。德国的犹太人还可以唱一首"二等公民"待遇的歌曲：自战争结束至今，反犹主义达到了前所未有的程度。犹太人被指责"在战争期间逃避了许多苦差和困难"，即使 1916 年军队领导层在前线士兵中进行的具有反犹主义动机的"犹太人口普查"也显示出完全相反的情况，而这也就是该结果从未公布的原因。

他们还被指责应为德国在战争中的失败、战后的经济动荡，以及共和国本身的建立负有责任。"每个德国犹太人的青年时代都有一个痛苦的时刻……他第一次完全意识到自己是作为二等公民进入这个世界的，任何能力和功绩都不能使他摆脱这种状况。"后来的 AEG 公司老板、德国外交部部长、反犹右翼最著名的谋杀受害者瓦尔特·拉特瑙早在 1911 年就写过的东西，在魏玛共和国时期也是歧视犹太人的惯用手段。在魏玛共和国时期，犹太人比任何其他宗教、文化或少数族群更频繁地成为暴力攻击的目标。但是，这种鼓动明显具有违法性，而且还煽动犯罪行为（"砰掉瓦尔特·拉特瑙，该死的犹太猪！"），然而，法官往往对这些行为非常宽容。作为德国犹太人中最有影响力的代表，德国犹太教公民中央协会也不得不承认这一点。它开展了反对反犹主义的解释说明工作，并通过其法律保护机构对针对犹太人的歧视和犯罪行为提起了法律诉讼。

革命后，许多女性立即发现自己面对的是反对女性解放的由男性主导的决策机构。从 1916 年 5 月开始，欧洲各地的女人们越来越多地接替了被派往前线的男子的工作。她们当过邮递员和教师，拧过手榴弹，在钢铁厂、医院和造纸厂，在行政部门和军工厂，从事各种可以想象得到的工作。女性的工作并不像今天人们经常声称的那样，因为第一次世界大战而为社会所接受；相反，这是一个从 20 世纪初就已经形成的发展势头，并因战争的开始而受到抑制而不是加速，直到劳动力的短缺和人口需求变得如此巨大，女性就业才成为必然。在一些特定的行业如机械制造、冶金、电气和化学工业等，女性工作成百倍地增长。当然，女性解放对这一局面的影响不大，因为女人们为了保证自己和家人的存活，经常在没有任何职业安全规定的情况下，

← 在第一次世界大战期间，女性亲自做啤酒运输工人的工作

每天工作长达 11—12 小时。社会原因是决定性的，而非源自女性解放，因为较高社会阶层的女人仍然待在家里。因此，解放的效果不在于工作本身，而在于职业女性在公共生活中的身影。无论如何，战争给所有的人都平等地带来了困难和痛苦。然而现在，在共和国，有机会将工作女性已经改变的性别形象转变为真正解放的步伐。然而，接下来要做的是给予女权以选举权并实现法律平等，这一步才是巨大的进步，但从现实的情况来看，这一步很难实现。数百万从前线回来的男人不仅要求恢复他们的工作，而且在女性因此失去工作的时候，由男性主导的工会完全没有提出抗议。然而，从前的性别秩序出现了解体的迹象，女性解放的推进导致了"男性危机"的出现，由于战后的需求以及女性在职业生活中的重要性增加导致男性负担过重，即使是最有攻击性的反女权主义也无法阻止。女性作为工人、母亲，在许多情况下还要照顾从战争中回来的身体和心理都受到伤害的男性，这导致了巨大的社会动荡和家庭的极端贫困——它大大增加了抗议的可能性，并且总体经济形势改善也导致了女性在解放意义上社会角色的彻底改变。

女性和少数民族代表能够——在他们的日常生活和个人勇气允许的范围内——相对公开地争取自己的权利，因为他们没有做任何违法的事情。而同性恋者的情况就不同，因为男性之间的性行为仍然会受到惩罚。然而，同性恋者可以在政治上与相应的条款斗争——这也是魏玛民主制与我们这个时代的许多专制政权的不同之处，后者惩罚同性恋者或完全否认他们的存在。因此，1919 年 6 月 6 日，性学研究所在柏林动物园成立。在这里，医生马格努斯·赫希菲尔德（Magnus Hirschfeld）致力于性行为科学研究，但也为同性恋者和变性人提供实际帮助，他出版了一本公开探讨一切问题和现象的杂志，并积极反对社会歧视和对所有性少数群体的定罪。作为犹太人、社会民主党人和同性恋者，赫希菲尔德本人也受到了大规模的歧视、不光彩的待遇和定罪。尽管有一切合乎法律规定的平等，但魏玛共和国远不是一个多元化的社会。绝大多数德国人都有一个在种族、语言、文化和宗教上尽可能统一的国家理想，并且只在非常狭窄的范围内容忍偏差。然而，在法律平等的基础上迈出了承认多元化现实的一步，这是魏玛宪法和社会的一个巨大的、不可否认的优点。

自然，儿童没有自己的代表，但他们也受益于魏玛宪法中关于基本权利的条款。根据魏玛宪法第 121 条，非婚生子女首次与婚生子女取得法律上的平等地位，而且法律将为他们创造与婚生子女相同的"身体、精神和社会发展条件"。保护儿童和青少年不受剥削的规定，以及使用"强制手段采取的福利措施"完全有法可依。殴打儿童的行为并没有被明文规定为应受惩罚的行为，对于殴打儿童没有明确的惩罚措施，在现实中，当儿童遭受身体或性暴力时，仍然完全由成年人来决定，特别是在孤儿院和福利机构中，那里生活着无数战争孤儿和"贫困儿童"。然而，任何量化都是纯粹的推测，因为绝大多数案件甚至没有被记录。在魏玛共和国，儿童仍然是唯一没有可能在现实中行使其权利的人群。

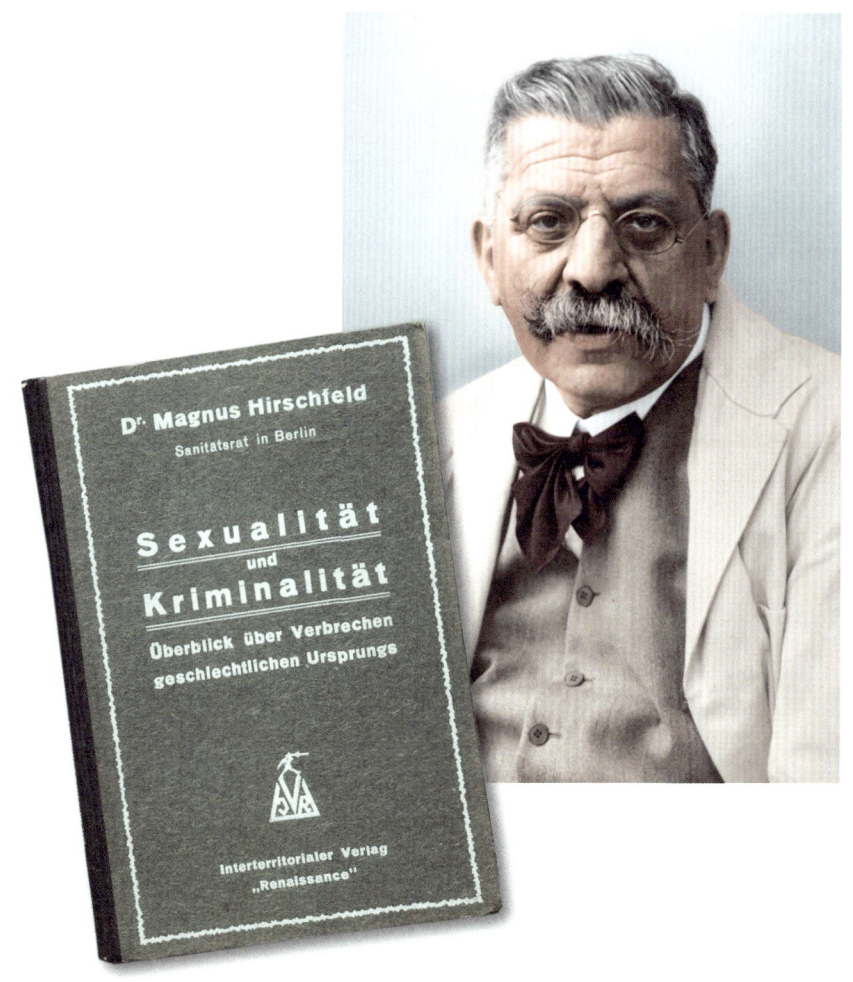

←医生和性研究者马格努斯·赫希菲尔德，（1930年左右）及其著作《性与犯罪》（1924年第一版）的封面

（四）占领者、篡位者、理性的共和主义者

平等的口号改变了公共生活的所有领域，除了个人权利和政治自由方面的改变，旧精英们不得不放弃他们想要保留的特权。特别是重工业领域的大企业家，他们曾把自己看成是全体工人的父权统治者，而且经常自诩为工人幸福的救星。今天的柏林几个城区仍然以这些公司的创始人命名：斯潘道区的西门子城（Siemensstadt）、莱尼肯多夫区的鲍里斯戈瓦尔德（Borsigwalde）、特雷普托区的斯宾德费尔德（Spindlersfeld）。整个鲁尔区都刻上了钢铁和矿业大亨斯汀内斯、蒂森、克虏伯和赫施的烙印。恰恰在柏林和莱茵地区，魏

1920—1923：民主实验 | 第二章

玛共和国最初几年屡屡发生社会和政治起义，这些起义威胁了旧经济精英的统治。在1918年11月，21个工商业雇主协会与7个工会达成了一项基本协议（即所谓的《斯汀内斯·莱吉恩协议》），承认工会是工人的代表。德国工会总委员会主席卡尔·莱吉恩（Carl Legien）和他最重要的战友基督教工会的亚当·施泰格瓦尔德（Adam Stegerwald）、赫希·敦克尔舍行业协会的古斯塔夫·哈特曼（Gustav Hartmann）和后来德国技术员协会的帝国邮政部部长安东·霍夫勒都奋力实现影响深远的社会政治要求：除了代表权和劳资关系，最重要的是建立工人共同决策机构（工人委员会，后来的企业职工委员会）和实行八小时工作制。在雇主方面，雨果·斯汀内斯和他的共同签署人——即媒体大亨阿尔弗雷德·休伯格（Alfred Hugenberg）、柏林电气工业家卡尔·弗里德里希·冯·西门子（Carl Friedrich von Siemens）和瓦尔特·拉特瑙、多特蒙德钢铁工业家弗里德里希·斯普林戈姆（Friedrich Springorum）、下萨克森州

↓埃森的弗里德里希－克虏伯工厂金属铸造车间的内景，20世纪20年代

能源供应商和后来的德国人民党政治家汉斯·冯·劳默（Hans von Raumer）以及柏林重工业家恩斯特·博希（Ernst Borsig）——一样，主要是出于对社会化威胁的恐惧，害怕失去财产。因此他们寻求与劳工结成目标联盟（Zweckbündnis），但他们对雇员与雇主之间社会伙伴关系的出现所带来的持久贡献不能被低估，这种关系是今天德意志联邦共和国社会秩序的基础。因此，大工业家们——即使他们的道路向着可以想象的最不同的方向发展——至少在当时成了理性的共和主义者。

↓ 1923年在"占领鲁尔"期间的埃森老年男子和法国士兵

1918 年 11 月 15 日的《斯汀内斯·莱吉恩协议》并不能完全压制要求社会化的呼声：1919 年春，鲁尔区发生了多次罢工，其诉求是推动煤炭和钢铁工业的国有化。1920 年 3 月，为镇压卡普政变引起的大罢工，这些要求几乎在帝国各处被再次提出。次年 3 月，一场准备相当不足的所谓的"中部德国起义"的工人起义，由德国共产党和其他激进的左翼势力领导，发生在哈勒、洛伊纳、梅泽堡周围的工业带及在曼斯菲尔德和艾斯莱本之间的矿区以及卢萨蒂亚、鲁尔区的部分地区、比特菲尔德和汉堡等地，但这次起义的目的仍然不明确，以失败而告终。在波美拉尼亚的普鲁士领地和奥德河—奈斯线以东的情况则完全不同：受农业影响且陷入封建制结构的"睡美人沉睡"之中，虽然对"东易北河容克"[1]和庄园主的抗议活动偶有发生，但他们的统治更多地受到自身经济落后的威胁，而不是实际起义的反抗。这些都需要一个城市或者至少是一个工业温床，但在原则上这只存在于西里西亚和少数几个大城市，如什切青、波兹南或柯尼斯堡。此外，像冯·兴登堡元帅这样有影响力的倡导者，甚至在 1925 年作为"代皇帝"被选为帝国总统，他们对大地主们一直着手保护，直到魏玛共和国结束。

对共和国的存续来说，最危险的一年是 1923 年：这一年开年就发生了所谓的"占领鲁尔"行动。德国已落后于它的赔偿义务，履行政策已经达到极限，国家已经破产了。毕竟，履行政策不过是 1920 年至 1923 年几届德国政

← 在"占领鲁尔"期间，一名法国步兵看守一列被没收的运煤列车。香烟收藏照片，20 世纪 20 年代

---

1 Junker，音译为容克，是指以普鲁士为代表的德意志帝国东部地区的贵族地主。他们大部分为贵族，二战前曾长期在土地、政治、军事、经济方面占据垄断地位。——译者注

↓ 上任不久的帝国总理施特雷泽曼，1923 年 8 月

府试图履行战胜国的赔偿要求，以证明这些要求实际上是无法履行的，而且在经济上具有毁灭性。有了这些证据，德国政府就应该为了更宽松的和平条件进行谈判。事与愿违，占领者来了：法国和比利时的军队从 1921 年起就接管了杜伊斯堡和杜塞尔多夫，并得出了德国故意扣留物资的结论。1923 年初，这些军队向整个鲁尔区进军——其中包括来自殖民地的黑人士兵，这被认为是一种特别的羞辱——以夺取合约上属于他们的东西。但这里没有更多收获，占领军和帝国政府对局势完全不切实际的评估，大大鼓励了民族主义的暴动和恐怖行为。首先，帝国总理威廉·库诺（Wilhelm Cuno）立即宣布消极抵抗——从那时起，鲁尔区各种停摆，所有的轮子都静止了。"抵抗"不过是一场大罢工，约 200 万名工人有了 8 个月的假期，德意志国向鲁尔区注入了大量刚印制好的钞票以养活民众。其经济后果是灾难性的：虽然法国人的剥削被停止了，但这一措施推动了通货膨胀，从而进一步加快了人口贫困化。

帝国政府和占领军还怂恿了右翼恐怖组织，诚然，他们的意图完全不同，这尤其体现在著名的"阿尔贝托·列奥·施拉格特（Albert Leo Schlageter）案件"中，此人在 1923 年 5 月 26 日因从事破坏活动被法国士兵枪杀。这名自由兵团的战士炸毁了用于向法国运输煤炭的铁轨。在主席阿道夫·希特勒的领导下，德国国家社会主义工人党（在巴伐利亚州以外还鲜为人知）把激增的民族主义引为己用，将施拉格特作为国家社会主义工人党的英雄斗士。在当时，几乎没有人对党派归属感兴趣，但它对未来有重要意义：作为反对占领鲁尔的象征，"英雄"施拉格特在纳粹时期不仅被当作烈士来颂扬，无数次的庆祝仪式为他举行，而且成为一出常常被搬上舞台的剧作中的烈士——尽管这部戏平平无奇。

无论如何，随着占领鲁尔的破坏性政策继续执行，工人把矛头指向了帝国政府和占领军。"在鲁尔区和施普雷河畔击败库诺和庞加莱！"这是 1923 年 8 月的口号；德国共产党设法说服柏林帝国印刷厂的工人举行罢工，从而关闭了纸币印刷厂。虽然没有发生总罢工——社会民主党的万能武器奥托·韦尔斯阻止了它的发生——但电力公司和柏林运输公司的许多工人以及建筑

工人都参加了反对库诺的罢工。当汉堡、卢萨蒂亚，普鲁士的萨克森和图林根自由州也发生罢工时，德国总理的工作也到头了。罢工者仅仅几天后就达到了他们的目的，库诺于 8 月 12 日辞职，这首先意味着议会制的胜利：德国共产党两天前提出对德国政府首脑的不信任动议，也使得社民党在其一心罢工的基础上，努力争取议会大联合，以防止可能发生的左翼革命，甚至可能出现的类似内战的情况。有右翼自由派领军人物古斯塔夫·施特雷泽曼——少数几个跨党派被信任的政治家之——可以提名一个共同候选人，其当选为帝国总理对议会来说并不困难。新一任联邦总理于 1923 年 9 月 26 日中断了反对占领鲁尔的行动。

但政治危机继续恶化：鲁尔区仍被法军占领，通货膨胀继续使人民陷入贫困，共和国的反对者便坐实了从中出现的混乱。现在占领军在军事上强迫执行的履行政策，被右翼视为德国的"投降"——这与任何现实情况都相去甚远，并成为反对年轻的民主制度的借口。很快，篡位者的新时机到来了：在德国各地，政治冒险家们都试图将领土从帝国中分离出来。在莱茵地区，著名的政治家公开争取独立并与法国结盟。这方面的一个体现是各种分离主义团体试图建立一个政府位于科布伦茨的"莱茵共和国"。另一方面，在巴伐利亚出现了反对中断占领鲁尔的抗议活动。同日，巴伐利亚州政府任命保守派的古斯塔夫·里特·冯·卡尔（Gustav Ritter von Kahr）为"总国务委员"——视情况而定，这要么属于帝国宪法第 48 条，要么是公开叛国。没有人确切知道，这个职位在宪法上到底应该是什么。无论如何，卡尔作为一个具有独裁权力的代君主，与选举产生的巴伐利亚政府并驾齐驱，甚至凌驾于政府之上，但该政府仍然履行职责。在萨克森州和图林根州，由社民党领导的州政府分别于 10 月 10 日和 16 日将来自共产党的部长纳入内阁——从柏林的角度来看，这也使他们走上了与帝国对抗的道路，因为共产党人毕竟是公开反对宪法的。

当时共产党是否真有在萨克森州和图林根州发动政变的计划，十分令人怀疑。但不可否认的是，自 1923 年 8 月以来，无产阶级百人团——共产主义的准军事部队——开始收集越来越多的武器并举行演习。在萨克森州，这些做法未被禁止，因为那里的社民党总理埃里希·蔡格纳（Erich Zeigner）需要德国共产党对议会的支持；在图林根州，这也未被禁止，因为在那里的奥古斯特·弗洛里希（August Fröhlich）领导着社民党所领导的少数派政府。同

魏玛共和国：1918—1933 年的德国政治、文化与社会

时，莫斯科的共产国际认为，1923 年的德国国家危机是按照苏联模式发动德国革命的理想时机——"德国十月"或"红色十月"。帝国政府对此有何了解，还有待观察。无论如何，施特雷泽曼总理明确地认识到，巴伐利亚发生政变的危险比萨克森州或图林根州大得多。因此，为了安抚巴伐利亚对共产党人的恐惧，他于 1923 年 10 月 30 日对萨克森州实施了"帝国处决"，几天后对图林根州也实施了"处决"。魏玛共和国宪法规定，如果一个联邦州违反了宪法或想脱离帝国，帝国政府可以进行干预。萨克森州和图林根州是仅有的两个被处以"帝国处决"的州。在这两次"处决"中，军队代表帝国政府出兵，包围了州政府所在地，并迫使其辞职。随后，两个州的州议会选出了新的州总理，他们组成了纯粹的社民党政府。只有在汉堡—巴姆贝克发生了由恩斯特·泰尔曼（Ernst Thälmann）领导的共产主义起义，该起义以 100 多人死亡告终，共产主义者期待已久的像 1918 年那样的"红色十月"没有实现。

同时，巴伐利亚的人们也感到困惑，因为在所谓的对共产主义友好的柏林，所谓软弱的帝国政府对萨克森州和图林根州采取了有力的行动，但对巴伐利亚州没有采取行动。"总国务委员"卡尔现在别无选择，只能支持施特雷泽曼的行动——至少是在形式上——从而确保巴伐利亚政变者没有机会下手。理性共和党人施特雷泽曼的策略成功了，几天后，卡尔和巴伐利亚政府帮助镇压了业余的希特勒暴动，这一点就显而易见了。在慕尼黑这个右翼聚集地，民团、自由兵团和黑色国防军——由复员和退伍的士兵组成的非法军队——确保"和平与秩序"，由此赢得国家民族主义或君主主义思想的战友，他们获得武器轻而易举。自 1919 年以来，"巴伐利亚的机枪之王"恩斯特·罗姆（Ernst Röhm）一直从他控制的兵工厂向他的同道中人提供其所需的一切，他实际上是受魏玛防卫军的委托解除了自由兵团的武装。与他关系密切的人有阿道夫·希特勒，他在 1920 年加入了德国工人党，该党派是慕尼黑众多反犹主义和民族主义党派之一。希特勒很快就成了该党领袖，并把该党名称改为民族社会主义德国工人

→穿着红色战线前线战士联盟制服的德国共产党领导人恩斯特·泰尔曼，1927 年

党,简称"纳粹党",并与鲁登道夫将军取得了联系。而后者此时已是一个经验丰富的"反革命",他参加过卡普政变,倾向于在慕尼黑寻求庇护。虽然他并不看好希特勒这个政治暴动分子——主要是因为他是个将军,而纳粹党领袖只是个普通下士——但最终他还是被推翻政府的前景诱惑。希特勒只发动了几个党内同伙参与他的计划,包括他的纳粹党冲锋队的负责人赫尔曼·戈林(Hermann Göring)。尽管如此,他还是召集了近2500人,并通知他们1923年11月8日的集合点。当天晚上,希特勒和他的追随者冲进了由卡尔在慕尼黑公民啤酒馆召开的高级政治家和官员会议。当着3000人的面,希特勒用手枪向天花板射击,宣布民族革命,并声称巴伐利亚和帝国政府被废止。此举遭到卡尔拒绝,于是卡尔成为希特勒的人质。随着鲁登道夫的到来,卡尔便假装站在政变派的一边。然而,一旦获得自由,他和他的狱友们很快就不再让步,并允许散发反对冲锋队的传单。希特勒认为他还有机会,11月9日中午,他召集了自己的队伍,当然还有鲁登道夫,穿过慕尼黑市区,向指挥官大厅进军。然而巴伐利亚州警察没有想过要加入他们,并拦下了这支自称"向柏林进军"的队伍,一阵枪林弹雨之后,15名政变者、4名警察和1名路人丧生。鲁登道夫被拘押,几天后,受伤的希特勒被拘,纳粹党、它的新闻机关报《人民观察家报》以及纳粹冲锋队也被禁。希特勒和鲁登道夫于1924年春天被控叛国罪,他们却利用这次审判进行政治宣传。这位民族主义法官在对杀害埃斯纳凶手的伪审判中已经名声不佳,他允许希特勒对帝国"真正"的敌人发表数小时的演讲,甚至阻止这名奥地利人被驱逐出境,而这是法律规定的强制措施。两人都轻松地脱身了:鲁登道夫被无罪释放,而希特勒则在一个要塞中被监禁5年,他在1924年底提前获释并得到了补偿。

↑希特勒暴动海报,1923年11月9日

↑ 被以慕尼黑叛国罪审判的被告（从左起）：海因茨·佩内特（Heinz Pernet）、弗里德里希·韦伯（Friedrich Weber）、威廉·弗里克（Wilhelm Frick）、赫尔曼·克里贝尔（Hermann Kriebel）、埃里希·鲁登道夫、阿道夫·希特勒、威廉·布鲁克纳（Wilhelm Brückner）、恩斯特·罗姆和罗伯特·瓦格纳（Robert Wagner），1924年4月

在1923年德国最大的国家危机中，理性的共和主义者施特雷泽曼赢得了胜利，虽然由于希特勒政变，他很快就丢掉了职务。社民党因为萨克森州和巴伐利亚州的不平等待遇向议会提出了不信任动议，而施特雷泽曼以信任票作为反击。虽然这位民族自由党人在这次投票中失利，但作为外交部部长，他仍然是德国第一个民主政府的决定性塑造者——直到1929年过早逝世。他还在政治上发起了"道威斯计划"，该计划以其发起人、后来的美国副总统查尔斯·盖茨·道威斯（Charles Gates Dawes）的名字命名，于1924年颁布实施。其目的是解决战后一直悬而未决的德国赔款的数额问题。为了保证德国有支付能力，"道威斯计划"提供了慷慨的贷款，稳定了德国经济。在1925年，道威斯因此获得了诺贝尔和平奖。"道威斯计划"实施后，法国和比利时逐步撤离了鲁尔区——到1925年8月完成。因此，理性共和派不但战胜了占领者，而且战胜了篡权者。

（五）选择的痛苦——魏玛共和国的政治制度

随着菲利普·谢德曼被任命为总理，魏玛共和国第一届政府于1919年2月13日上台了。它仅持续了130天。直到1933年1月30日希特勒上台，近14年间轮替了20个内阁、12个不同的总理。有两位先生甚至各有两次当选总理：社民党领袖赫尔曼·米勒和中央党政治家威廉·马克斯（Wilhelm Marx）。重要的是，这两个人第二次入主总理府，都是因为没有其他候选人可以使不稳定的联盟达成一致。在此期间，总理们轮换得比昙花一现的演艺界明星还快：1919年6月20日，谢德曼因拒绝接受《凡尔赛条约》而辞职后，他的党内同志古斯塔夫·鲍尔接替了他的职务。鲍尔在1920年3月26日的卡普政变后也离职了。而他的继任者赫尔曼·米勒也是社会民主党人，执政两个半月，在灾难性的帝国议会选举后，不得不在1920年6月8日给中央党政治家康斯坦丁·费伦巴赫（Constantin Fehrenbach）让路。费伦巴赫之所以失败，是因为1921年5月4日他的联盟在接受伦敦关于赔款的最后通牒问题上出现了分歧。紧随其后的是约瑟夫·维尔特，他也是一位中央党人，在因为上西里西亚被强行割让给波兰而进行的内阁改组中幸存下来，并担任帝国总理到1922年11月14日。反右翼敌人的民主联盟的失败把他赶下了台，然后由无党派的保守派威廉·库诺（Wilhelm Cuno）接任。他以大罢工的方式消极反对占领莱茵兰的

←社民党的选举海报，1930年（文字大意为："这些是民主制的敌人！滚开！选列表1社民党人吧！"）

魏玛共和国：1918—1933 年的德国政治、文化与社会

→ 1928 年选举活动期间，柏林街头的社民党广播车

政策，这使得他在 1923 年 8 月 12 日成为帝国议会不信任投票的牺牲品。结果，德国人民党领导人古斯塔夫·施特雷泽曼上任。虽然他阻止了恶性通货膨胀，并对内阁进行了改组，甚至在政治上挺过了萨克森州和图林根州的共产主义起义，但在希特勒政变引起的国家危机中，他在 1923 年 11 月 23 日下台，在任时间三个多月。中央党的威廉·马克斯接任至 1925 年 1 月 15 日，在没有任何政治丑闻的情况下，他将职位让给了民族自由主义无党派的汉斯·路

德（Hans Luther）。当《洛迦诺公约》承认《凡尔赛条约》所划定的德国西部边界时，路德的第一个内阁就解散了，1926 年 5 月 12 日，在帝国议会的不信任投票中，他被迫永远离开。紧随其后的是第二次上台的威廉·马克斯，这次他也没有丑闻，只是在 1928 年 6 月 12 日帝国议会的常规选举后，不得不将自己的职位交给赫尔曼·米勒。和前任一样，后者也是第二次掌舵，这次他坚持到了 1930 年 3 月 27 日。他之所以失败，可能是因为有史以来最不可思议的一件使德国政府首脑倒台的小事：他的政党社民党由于毫无根据且坚定不移地要求将 1927 年实行的失业保险缴款增加四分之一，从而破坏了与亲近雇主的德国人民党结成的联盟。最后一任合法的也是任职时间最长的总理是中央党政治家海因里希·布吕宁（Heinrich Brüning），他从 1930 年 3 月到 1932 年 5 月 30 日不间断地担任了 789 天的总理——但实际上任期是 4 年。

不言而喻，这种混乱政局使得推行一项有意义的政策几乎不可能，这种状况不仅不能解决眼前最紧迫的直接问题，也无法追求更长远的目标。而且，这不仅影响了帝国议会的工作，而且最重要的是影响了国内的人民，因为政府的快速变化首先意味着选举实际上是不停举行的。在 1919 年 1 月的国民议会选举后，在 13 年之内一共举行了 8 次帝国议会选举（1920 年、1924 年 5 月和 12 月、1928 年、1930 年、1932 年 7 月和 11 月、1933 年 3 月），以及两次帝国总统选举，每次选举有两轮投票（1925 年和 1932 年）。此外，还有州和地方选举以及公民投票——根据各州和市镇的情况，选举的数量也大不相同。持续的政治危机迫使一个又一个内阁辞职，结果是政策的不断变化，这对于稳定政治——乃至加强对民主的信心——都是无法想象的。无论如何，共和国及体现其民主形式的政府从一开始就没有得到太多信任，即使许多人出于理性的原因接受了它。此外，大多数总理远不是护民官。菲利普·谢德曼，共和国的第一任政府首脑，似乎也是最后一个懂得如何激励人民的人。接替他的那些都是彻彻底底的正派人，他们中的一些人以极大的决心和专业知识为维护民主站了出来，或者作为理性的共和主义者，至少为维护民主站了出来，但他们并没有激励任何人。仅仅是这种所谓的远离人民的行为，就使许多人无法理解民主。

更糟糕的是，在每次选举中，无数的政党和利益集团利用选举相互竞争，但普通德国人往往很难区分它们。仅仅是9个主要政党在帝国议会中拥有持续的代表权。此外，魏玛宪法与《德意志联邦共和国基本法》不同，前者没有任何限制性条款。因此，通过计算得出的有权获得席位的每一个党派，都无一例外地进入了帝国议会。由此产生的政治方向和个别利益的混乱可想而知。在这种情况下，合理的、可行的联盟很难形成，特别是**魏玛共和国的各党派远未忠于宪法**。总的来说，只有四个政党——所谓的"魏玛联盟"——支持宪法并在政治上致力于民主：社会民主党、左翼德国民主党、1930年改名为"国家党"的天主教中心党和左翼自由德国人民党。后者中也有许多对民主持怀疑甚至敌对态度的成员，但他们当时主要出于理性而接受民主。这四个政党是魏玛共和国的支柱，参与了所有重要的决策。

而且当时大多数选民不信任共和国，甚至在1924年至1929年的相对稳定阶段也是如此：虽然1919年代表国家利益的政党仍能赢得76%以上的选票，但到1932年11月，这一数字已经下降到41.6%。这说明反宪法的政党后来获得了压倒性的多数，它们能够通过议会阻止几乎任何决定。

然而，在各州的层面上，事情在某种程度上看起来有所不同。特别是普鲁士——当时面积最大和人口最多的联邦州——变成了一个真正的民主堡垒。在这里，**魏玛联盟**不间断地拥有话语权，直到1932年被推翻——不是被选举推翻的，而是被一场民族主义和保守主义的政变推翻的。

（六）制造出来的艺术

如果仅从政治、社会和经济上的困境来看待魏玛共和国的初期，那是不合适的。因为这一切都伴随着起真正决定性的社会进步和社会福利的改善。例如，柏林人民受益于一项行政管理行为，这种管理方法对"城市"这个现代社会系统的重要性再怎么估计都不为过。1920年4月25日，社民党、德国独立社会民主党和德国民主党的一大部分人抓住了这个机会，通过了一项法律，将柏林市与周围六个独立城市，包括夏洛滕堡、利希滕堡和施潘道等大城镇，以及59个乡村和27个庄园区（包括柏林宫，它由此首次成为柏林的行政区），合并为一个新的统一社区。新的"大柏林"——官方刻意回避了这一名称——此时此刻是世界上面积第二大、人口第三大的城市，有大约400万名居民。在这里，交通问题、基础设施和城市发展措施、社会政治和城市

←位于柏林兰德维尔运河的"贝壳屋"外墙，根据建筑师埃米尔·费恩坎普（Emil Fahrenkamp）的设计，于1930年至1932年建造，被认为是"新客观主义"的典范

发展问题第一次可以在有计划的政策基础上得到解决。大型市政企业如柏林公共交通公司（1928 年）、柏林仓库和港口公司、垃圾处理、市政住房协会和其他机构的建立都始于此。柏林公共交通公司成为世界上最大的市政企业。柏林市政经济的发展和扩张，就其社会意义而言，可能是社会民主最持久的城市项目。

然而，世界大战和革命时期的经历不仅反映在具体的政治上，也反映在艺术上。早在魏玛共和国早期，就有突破性的作品问世：这种艺术的魔法咒语被称为"新客观主义"，它受到了威廉二世时代的现实主义影响，也是对强调情感的表现主义的回应。除了在建筑领域，它们几乎在所有艺术流派中都有迹可循。在艺术流派中最重要的是包豪斯，这是一所由建筑师瓦尔特·格罗皮乌斯（Walter Gropius）于 1919 年在魏玛创立的国立艺术学校。其目标是克服艺术、手工艺和技术的传统分隔，寻找以功能为导向的新产品形式。因此，艺术和手工艺成为中心，包豪斯对于平面设计、工业设计和模块化建筑的出

↓ 1926 年在德绍的包豪斯大师们的合影（从左至右）：约瑟夫·阿尔伯斯（Josef Albers）、希纳克·舍佩尔（Hinnerk Scheper）、乔治·穆切（Georg Muche）、拉斯洛·莫霍利·纳吉（László Moholy Nagy）、赫伯特·拜尔（Herbert Bayer）、约斯特·施密特（Joost Schmidt）、瓦尔特·格罗皮乌斯、马塞尔·布劳尔（Marcel Breuer）、瓦西里·康定斯基、保罗·克利、里昂内尔·费宁格、贡塔·施托尔茨尔（Gunta Stölzl）和奥斯卡·施莱默

现和发展至关重要。在建筑、工艺美术和设计领域，它可以被看作 20 世纪西半球最具影响力的教育机构。从此，不仅是应用艺术和视觉艺术的结合起来，而且与表演艺术也结合起来，这反过来波及音乐、绘画等领域，这些也是那里的重点。包豪斯作为先锋派和古典现代主义的故乡，至今仍塑造着几乎所有现代主义运动的形象。新客观主义、新建筑、功能主义或国际风格等术语都与这个机构密切相关。

格罗皮乌斯最初主张男女严格享有平等权利，同样承担无差别的义务。他让重要的艺术家在包豪斯工作：莱昂内尔·费尼格（Leonel Feiniger）和约翰内斯·伊滕（Johannes Itten），以及从 1921 年起的保罗·克利（Paul Klee）和奥斯卡·施莱默（Oskar Schlemmer），第二年甚至还有瓦西里·康定斯基（Wassily Kandinsky）。然而，包豪斯很快就将女性的比例规定为仅占全部学生的三分之一，因为他们发现，在第一年的 150 份申请中几乎有一半是女性，而她们主要是在纺织车间接受培训的——她们不被允许录取到建筑学专业。

魏玛早期的电影也取得了特别的艺术成就。这时的电影作品主要是受表现主义影响而被载入史册，其中《卡里加里医生的小屋》（1920 年，导演为罗伯特·韦恩尼）被认为是一部具有开创性的表现主义电影。这部电影的彩绘式、图形化设计的场景、精巧的明暗灯光编排，通过"倾斜"的扭曲视角与演员几乎不相称的舞台锐角背景，创造了一个夸张的人工性、具有威胁性的畸形环境，导演试图通过图像捕捉人物的精神状态。1920 年由保罗·魏格纳（Paul Wegener）和卡尔·博伊瑟（Carl Boese）执导的《傀儡的出现》，其建筑由明星建筑师汉斯·波尔茨（Hans Poelzig）创作，也产生了类似的影响。早在 1919 年 9 月，恩斯特·卢比茨（Ernst Lubitsch）——后来成为好莱坞的著名导演——就以《杜巴里夫人》吸引了人们的注意，该片于 1920 年 12 月成为在美国放映的第一部德国故事片。随着 1922 年由弗里德里希·威廉·默瑙（Friedrich Wilhelm Murnau）执导的《诺斯费拉图：恐怖交响曲》问世，吸血鬼题材征服了当时仍然年轻的电影界。总的来说，这些电影的成功之处首先在于它们不是以拍摄的舞台事件的形式出现，而是导演们试图借助媒介来展现自己的表现方式、主题和视觉语言。著名戏剧导演利奥波德·杰斯纳（Leopold Jessner）就有一个惨痛的教训，他的电影《后楼梯》因其戏剧性的表演而不被认可。第一部有声电影也发生了同样的情况：1921 年，工程师汉斯·沃格特（Hans Vogt）、乔·本尼迪克特·英格尔（Jo Benedict Engl）和约瑟夫·马索

↑《卡里加里医生的小屋》的场景

勒（Joseph Massolle）在柏林成功录制了世界上第一部相当不错的有声电影。演讲艺术家弗雷德尔·欣茨（Friedel Hintze）在特写镜头中朗诵了歌德的诗歌《少年遇见玫瑰花》，声音和图像分别录制在不同的胶片上再一起展示。三元法主要是从技术上得到了赞赏，而非从艺术角度。对于电影行业和观众而言，有声电影在这方面不是无声电影的竞争对手。1922 年 9 月，当三位创始人在柏林庆祝第一部有声故事片《纵火犯》的首映时，这种情况并没有改变。1920 年 5 月 12 日，帝国议会决定以《电影法》的形式对电影实行国家预审，事实证明，这与有声电影一样，严重影响电影界的未来。同年，在柏林和慕尼黑设立的审查机构将约 1100 部影片评价为"肮脏和垃圾电影"，到了魏玛共和国末期，这些机构逐渐成为政治审查机关。

恰恰是这种技术进步、艺术进步与政治进步之间的紧张关系，使得魏玛早期的民主和社会史如此有趣。所有的变化，无论是政治上的还是社会上的，都没有预演，在社会上或艺术上，也不平衡。尽管在人事上以及在思想模式或行动方式上都具有连续性，但与"新"的对抗是这个仍然年轻的共和国的特点。这也包括处理移民问题：从1920年起，越来越多的人从俄国和前沙皇帝国的其他地区逃到德国，以逃避共产主义统治。在柏林，特别是在夏洛滕堡地区（很快被人们命名为"夏洛滕格勒"），形成了讲俄语的移民中心。在艺术领域，许多创新，如建构主义和一般被称为"先锋派"的东西，基本上都是由讲俄语的移民引进的。

相当多的犹太人也从东欧来到德国：第一次世界大战后的和平条约建立了14个新国家，因此划定了大约11000公里的新边境线。此外，他们还改变了多数派和少数派的关系，特别是在东欧和东南欧。出于对大屠杀的恐惧，也出于经济需要，许多犹太人来到了德国。当然，他们中的大多数人都打算尽快离开这个国家去美国。然而，战后的反犹主义者却乐于接收东犹太人移民，以挑起德国人对过度异化、犯罪和大规模无产阶级化的恐惧——在当时，偏见和非理性的恐慌已经很容易战胜事实了。战争造成了一定的"移民积压"，因此在1920年至1923年，从德国移民到海外的人数不断增加。仅在1923年就有11.5万人，相当于上一次在19世纪80年代和19世纪90年代大（贫困）移民潮中的数字。直到1923年危机结束时，这种情况才恢复正常，德国的移民与全欧洲移民的下降趋势相一致。从地区上看，大多数离开家乡前往海外的人，来自巴登和符腾堡、波兹南和西普鲁士、石勒苏益格—荷尔斯泰因、汉诺威和奥登堡以及巴伐利亚州。对于所有从其他地方来到德国的人而言，柏林倒不如说是一个枢纽和中转站。

↑ 经典电影《大都会》的海报，1927 年

第三章
1924—1929：
"黄金的 20 年代"？

（一）帷幕拉开——魏玛共和国的文化形象

"奈何噪音一下子就来了 / 铃声、嘎嘎作响、钟声 / 这里的收音机，那里的长途电话 / 我找不到一个安静的地方 / 然后是运动：纯粹的谋杀 / 今天是什么节奏？"柏林卡巴莱艺术家、词作家奥托·罗伊特在其著名的对句《我受不了这节奏》中问道。被载入史册的"黄金 20 年代"，在当时已被认为节奏非常快。事实上，短短的五年时间让这个时代有了它的名字。除了 1918 年至 1923 年的政治动荡和共和国的垮台，以大规模失业和左右翼极端组织的街头斗殴为标志，没有什么比所谓"黄金 20 年代"的文化形象更能塑造人们对这个时代的看法了。而这些形象主要来自柏林，在 20 世纪 20 年代，柏林大约有 400 家电影院，其中 1/10 位于选帝侯大街。超过 90% 的电影由柏林的公司生产；UFA 电影公司和托比斯（Tobis）生产了超过半数的德国故事片，其中重要的经典片有弗里茨·朗（Fritz Lang）的《马布斯医生》系列（1921/1922，1933 年）和科幻片《大都会》（1927 年），乔治·威廉·帕博斯特（Georg Wichelm Pabst）的社会批评杰作《无造假小巷》（1925

↑ 柏林女子芭蕾舞剧《埃希德·卡琳娜》的女演员们，约 1920 年

年），以及由皮尔·尤茨（Piel Jutzi）导演的对后世风格影响巨大的由长篇小说改编的《柏林亚历山大广场》和罗伯特·西奥德马克（Robert Siodmak）的先锋派作品《星期天的人们》（1930 年）——当然还有各种毫无艺术意义但却很受欢迎的大众产品。在 1932 年世界经济危机最严重的时候，柏林有 339 家电影制作公司，而德国其他地区只有 168 家。在观察柏林的剧院时，我们会发现非常相似的画面：1925 年在首都有 51 座剧院，这比其他 6 个最大城市的总数加起来还要多。柏林每晚观众可用的剧场座位超过 4 万个，其次是汉堡的 9000 个，德累斯顿的 8145 个，慕尼黑的 6600 个。全国有 15 家歌剧院，仅在施普雷区就有 4 家歌剧院的演出场地。此外还有马戏团、综艺舞台和众多的酒吧，在这些酒吧里设有滑稽戏表演——今天这种文化现象几乎不存在了。像马克斯·莱因哈特（Max Reinhardt）这样的名人——魏玛时期最具有艺术意义的导演——也是商业上最成功的戏剧导演之一，他自封天才，从而成为戏剧界的明星，至今仍未被人遗忘。还有柏林爱乐乐团，该乐团从 1928 年起由指挥家威廉·富特文格勒（Wilhelm Furtwängler）打造成世界顶级乐团之一。

随着国家美术馆新馆的建立，世界上第一个 20 世纪现代艺术的公共收藏馆于 1919 年在柏林开馆。稍后，被霍亨索伦王室、革命与反革命部队离开后遗弃的柏林市宫，于 1921 年被投入公益事业，并被改建成了博物馆——虽然不是每个人都喜欢，但仍被认为是施普雷—雅典的另一个展览亮点。因此，1928 年的第一份官方旅游指南宣称"柏林的各类艺术宫殿比欧洲任何其他的首都还要丰富"，这不失为一种骄傲。这主要是由于殖民时期众多收藏品来到了帝国首都。而当德国的殖民地随着皇帝而消失的时候，亚洲和非洲的艺术珍品留在了柏林——在博物馆岛以及柏林市宫博物馆中。人们几乎可以把资产阶级高级文明的每一个分支以及最小众的文化角落都看个遍。尽管经历了战争、革命、政变、政治谋杀和通货膨胀，首都柏林仍然是德国的文化中心，甚至在魏玛共和国时期它还扩大了自己的领先地位。大众文化作为一种城市现象，也通过媒体传播的新可能性而变得更加重要，而在柏林这座自 1920 年以来世界上人口第三多的城市，这似乎是对大众文化特别有利的温床。

现在，几乎没有还在世的人看到过美裔法国舞蹈家约瑟芬妮·贝克（Josephine Baker）身着香蕉裙跃过歌舞剧舞台，但就像 1930 年约瑟夫·冯·斯特恩伯格（Josef von Sternberg）的《蓝色天使》中戴着高帽、叼着香烟的玛琳·迪特里希（Marlene Dietrich）的照片一样，她的照片自然而然地成为魏玛共和国影像资料集的一部分。在被人遗忘的当时的名人中，有小提琴家和舞蹈管弦乐团团长艾菲姆·沙赫迈斯特（Efim Schachmeister），他的唱片销量达数百万张。还有德国爵士乐先驱埃里克·博尔夏德（Eric Borchard），以及卡巴莱艺术家罗莎·瓦莱蒂（Rosa Valetti）、歌舞剧之王鲁道夫·尼尔森（Rudolf Nelson）、舞蹈家瓦莱斯卡·格特（Valeska Gert）、摄影师威利·罗默（Willy Römer）、戏剧导演维克多·巴诺夫斯基（Viktor Barnowsky）、阿尔弗雷德·罗特和弗利茨·罗特（Alfred und Fritz Rotter）和恩斯特·约瑟夫·奥弗里希特（Ernst Josef Aufricht）。后者于 1928 年 8 月 31 日在柏林造船厂大街剧院推出了有史以来最成功的德国舞台剧：由贝托尔特·布莱希特和库尔特·魏尔创作的《三毛钱歌剧》，这部剧似乎经久不衰。该剧当时是由埃里希·恩格尔（Erich Engel）主演的，今天可能只有戏剧爱好者知道他。与此同时，男高音理查德·陶伯（Richard Tauber）的声音则回荡在每个孩子的耳边，他的歌声传遍了整个德国。而在 20 世纪 90 年代中期，在《犯罪现场》[1] 中恶棍路德维希港人陶伯仍然足够出名，他有数百万观众，而他的同事约瑟夫·施密特

---

[1] 《犯罪现场》是德国 20 世纪 70—90 年代的热门电视剧。它的主创之一是名为 Bernd Tauber 的德国演员，他和魏玛共和国时期的德国歌唱家 Richard Tauber 姓氏相同。——译者注

（Joseph Schmidt）几乎被人遗忘。然而，魏玛共和国的形象无处不在，比如电影《大都会》中机器人化身为人的场景，选帝侯大街上闪闪发光的霓虹灯牌或波茨坦广场上繁忙交通的照片，以及抽着烟、留着波波头的女人，这些形象至今仍在塑造着我们对那个时代的想象。

↓ 柏林弗里德里希大街的夜晚，当代风景明信片

文化的繁荣当然不限于柏林，许多在别的地方也取得重大艺术成就的人，都像被磁铁吸引一样来到了这座城市。事实上，在1924年至1929年，整个德国的经济相对稳定，各种文化思潮蓬勃发展。此外，众多的技术革新被广大民众所接受，这反过来又永久地改变了人们的休闲行为和文化感知的方式。在这种情况下，便携式留声机就显得尤为重要：以前享受音乐主要是一种现场体验——无论是在音乐会上还是在舞厅里——或者充其量只限于自己家中的唱片收藏，而便携式留声机则建立了一种文化实践，1960年后的大型手提式收录机、今天的智能手机或iPod音乐播放器也是如此。这导致了一个音乐产业的出现，也产生了第一批真正的跨区域明星：如由埃菲姆·沙赫梅斯特（Efim Schachmeister）、马雷克·韦伯（Marek Weber）或斯特凡·温特劳布（Stefan Weintraub）组成的著名的舞曲管弦乐团；今天仍然著名的喜剧演员、和声歌手，诸如奥托·罗伊特和克莱尔·瓦尔多夫（Claire Waldoff），实际上是老一辈的歌舞剧明星，他们通过销售自己作品的黑胶唱片获得了巨大的成功。黑胶唱片和留声机大卖特卖，其中最大的制造商是位于柏林十字山区的卡尔·林斯特伦股份公司，该公司在1929年每天生产约10万张唱片和1000台"有声机"。

　　同时，街头暴力也减少了，以前对共和国构成巨大威胁的政变和未遂政变也不复存在。然而，政治、社会和经济丑闻导致的政府更迭仍然是政治生活的决定性部分。许多新的、不熟悉却又令人愉快的事情来到了人们身边，令人应接不暇。瓦尔特·鲁特曼（Walther Ruttmann）的创新蒙太奇电影《柏林——大都市的交响乐》（1927年）等进一步强化了这种快节奏生活的感觉，而德国的第一盏红绿灯也为此贡献了自己的一份力量，从1925年开始，它为柏林波茨坦广场的交通混乱带来秩序，并在此过程中成为人群的焦点。来自世界各地的客人也来到了德国，因为飞行变得越来越安全，飞机的运输能力越来越强，这对邮政等机构特别有利。机场或简易机场在德国已经存在了很长时间，但直到这时，空中交通才开始投入商用。例如，1921年，德国第一个民用机场在东普鲁士国王堡附近的德沃建成，几年后，世界上最大的同类机场之一在柏林滕普霍夫建成。即使在今天的重要机场如杜塞尔多夫和莱比锡哈雷机场，都是在1927年开放的，甚至更小的城市和社区与航空网络的连接，也是在魏玛时期建立的。1925年，斯图加特在梅赛德斯—奔驰工厂南部的波布林根建立了一个机场，菲尔特和纽伦堡从1923年起，埃森和米尔海姆

魏玛共和国：1918—1933 年的德国政治、文化与社会

从 1925 年起，开姆尼茨从 1926 年起就开始享受发动机的噪声，航线把它们连接到了整个欧洲。

当然，民主作为一种政府组织形式，并没有突然被普遍接受，而且当时的情况也不尽如人意。但经济好转至少影响了许多人，人们可以把问题放在一边，并且再次拥有乐趣——和金钱——去享受生活。在此期间的众多小说，比如阿尔弗雷德·杜宾（Alfred Döblin）的《柏林亚历山大广场》，或者由克里斯托弗·伊舍伍德（Christopher Isherwood）创作的自传体短篇小说《再见柏林》——这是成功的音乐剧"卡巴莱"的文学原型——表现了德国"黄金 20 年代"的气氛。就此来说，柏林的象征意义与其他城市不同，黑暗的一面因此被淡化了。但海因里希·齐勒（Heinrich Zille）在画作中所描绘的社会苦

↓波茨坦广场鸟瞰图，1929 年

难和社会底层生活，奥托·迪克斯（Otto Dix）和乔治·格罗兹（George Grosz）描绘的无数战争伤残者，社会批判性的电影如格哈德·兰普雷希特（Gerhard Lamprecht）的《灯笼下》以及皮埃尔·尤茨（Piel Jutzi）的《克劳森之母追寻幸福的旅程》（1929年）所描绘的贫困同样是魏玛时代文化形象的组成部分。随着国家社会主义者的崛起，并没有人禁止他们参与文化活动，虽然人们怀疑他们对艺术的贡献，但他们很少被视为艺术的组成部分之一，而是作为负面的衬托。在这种衬托下，"黄金20年代"可能会更加闪耀夺目。

　　技术发展也出现了类似的飞跃：汽车、吸尘器、市郊铁路、避孕套和城市电气化绝不是20世纪20年代的发明，但只是在这一时期，它们才被广大民众所接受。然而，城市电气化在日常生活中最明显的表现是电源插座的普及，这增大了城乡之间的差距。因为当城市中心正在从所有的技术革新中受益时，农村在很长一段时间内仍保持着真正意义上的黑暗。实际上，"黄金20年代"的节奏发生变化，也与颇为真实的时间重新划分有关：由12小时制改为24小时制。很多人，尤其是老年人，多年来还在迷茫，现在的下午茶在17点，而不是下午5点，商店18点关门而不是下午6点，22点——不再是晚上10点了——是主要报刊的截稿时间。这对于很多讽刺作家来说求之不得，他们确实抨击了"新时间"。

↑《战争伤残者》，粉笔水彩画，作者海因里希·齐勒，1928年

（二）国际公共场合

　　随着第一次世界大战的结束，德国在外交方面很大程度上被孤立了。为了不违反《凡尔赛条约》的条款，德国与其他国家的合作只停留在经济层面上。德国被排除在国际联盟——成立于1920年的国际维和联盟，是联合国的前身——之外，德国外交活动范围也极其狭窄。1921年3月20日，在上西里西亚举行的国家归属投票表明：60%的人投票赞成留在德国，这些赞成者包括以波兰语为母语的人和几乎所有的犹太人。结果似乎很清楚，但《凡尔赛条约》并不是这样。由于投票结果显示东部和东南部的大多数人都选择了波兰，国际联盟得出的结论是，上西里西亚必须分割。然而，这就产生了一个问题，即未来的波兰部分将包括大约90%的上西里西亚煤矿和所有的锌、铅、银冶炼厂，而那里最大的两个工业城市——卡托维兹和科尼希特已经以绝大多数票支持留在德国。因此，这将使德国获得较大人口份额，虽然在经济上的部分无足轻重。德国人的所有抗议都无济于事。国际联盟理事会决定分割上西里西亚，这可能也是为了阻止得到法国支持的波兰游击队与德军之间的持续战斗。在英国的纵容下，德军接收了被解散的自由兵团特遣队。这丝毫不违背《凡尔赛条约》的规定，而且从德国人的角度来看，与战胜国原来将整个上西里西亚割让给波兰的计划相比，这不失为一种不错的解决办法。民族主义势力再次大声哀叹所谓的不公，并指责维尔特政府的无能。他们在这一点上是正确的，虽然执政的政客们吹牛，可以德国保留整个上西里西亚为条件接受伦敦关于赔偿问题的最后通牒，但他们始终无法使他们的立场被战胜国接受。德国民主党甚至有几个月离开了联盟，维尔特不得不重组内阁，但还是继续担任总理——反正也找不到另外一个帝国议会多数党。1922年5月，随着《德波协定》的签订，上西里西亚的分割最终根据宪法得以实施。

　　如果说在这时有一件事变得很明显的话，那就是德国如果想维护自己的利益，就必须回到国际公共场合。问题不在于民主或不断变化的政府，而在于战争的失败。这就是为什么从华盛顿到华沙，各国政府都无视德国的利益：让德国远离参与国际决定。因此，只有另一个在外交上被排挤的国家能

被视为盟友：那就是俄罗斯苏维埃联邦社会主义共和国。于是，出人意料，最先利用这个机会在国外建立联系的是魏玛防卫军——以此规避《凡尔赛条约》。早在 1920 年，德国和苏维埃俄国军队领导人之间就举行了会谈。很快，魏玛防卫军和受其委托的俄罗斯公司在苏俄制造和建造了德国飞机、武器、弹药和天然气工厂，魏玛防卫军与红军共享这些产品。布尔什维克政府并不关心德军是否会在没有把握的情况下使用苏联制造的武器弹药对付德国共产党和示威工人。相反，以汉斯·冯·塞克特（Hans von Seeckt）为中心的民族主义和君主主义德军领导层不假思索地认为，所谓的敌人现在掌握了最现代化的技术、技术诀窍、武器和装备。为什么会这样呢？在 1926 年之前，几乎没有人知道这件事，而揭露这种特殊且实际的结盟，虽然对一些人来说是不愉快的，但它随后作为许多政治丑闻中的一个，也消失了。因为无论是忠于莫斯科的德国共产党，还是普鲁士的保守派精英都赞成和解——尽管是出于非常不同的理由。前者执着于对世界革命的希望，后者只想在这里实现其

↑ 1925 年在图林根的一次演习中的陆军总司令汉斯·冯·塞克特

军事计划。德国的经济界,尤其是重工业也赞成与俄国结盟,因为他们的产品几乎不可能在西方国家销售。而对所谓美好的俾斯麦时代德俄关系的记忆,最终说服了保守的外交官和君主主义的怀旧者。

因此,1922年春天,在热那亚国际金融经济会议期间,德国和首次派代表出席的苏维埃俄国都参会了,两国的外交孤立被打破:1922年4月16日签订的《拉帕洛条约》用六条规定确定了战后两国的关系,并特别规定立即恢复双方的外交和经济关系,两国都期望从中获得巨大的政治和经济利益。苏维埃俄国为此放弃了索赔,而德国则放弃了对在十月革命中被俄国收归国有的德国财产的索赔。已存在的军事合作被固定在一项条约中,其措辞如下:"德国政府宣布,它愿意尽可能支持最近传达给它的与私营公司打算达成的协议,并促进其执行。"军备合作的法律基础很重要,这样德国政府就不会被指控违

↓一支带有假坦克的魏玛防卫军编队。这些覆盖着织物和金属板的汽车是用来训练士兵对抗坦克攻击的。根据《凡尔赛条约》,魏玛防卫军不得拥有坦克,1926年

反《凡尔赛条约》。当然，没有人提到"私营公司"项目的运行费用是由帝国国防部的预算资助的。喀山——今天俄罗斯联邦鞑靼自治共和国的首府——附近的坦克训练区、莫斯科附近的飞机制造厂、沃尔斯克附近的毒气试验场"汤姆卡"以及 1925 年建立的利佩茨克秘密飞行学校和试验场的维护，实际上无一例外地不禁止由德国使用。苏联政府因此向德军提供了生产最现代化的武器并训练其士兵使用这些武器的机会——同时也是苏联本身的机会。

西方大国——首先是法国——对《拉巴洛条约》的热情自然有限。爱丽舍宫提出了外交抗议，因为法国人不仅对德国日益独立于西方持怀疑态度，而且还预测到德俄可能联合对付波兰。这些怀疑并非毫无根据，后来的《洛迦诺公约》使德国重新回到了国际社会，就说明了这一点。1925 年 10 月 5 日至 16 日，来自世界各地的政治家在瑞士温泉小镇洛迦诺举行了一次国际会议。德国、法国、比利时、英国、意大利五国缔结了一项公约，其中德国承认了其在《凡尔赛条约》中被确定的西部边界。而法国和比利时则承诺撤出被占领的莱茵兰。不管是哪一方的兵变或军事越界，都会导致被攻击方的担保国英国和意大利的军事干预。在另一方面，东部边界没有得到德国的承认，英国也没有在这方面提供任何保障。路德政府确实在自己的仲裁协议中向波兰和捷克斯洛伐克保证，不会用武力改变这些边界，而是以和平方式解决争端。然而，国际法的承认将远远超过帝国政府在国内的政治主张。在德国，仅仅对西部边界的承认就引起了激烈的、带有民族主义色彩的辩论，并导致帝国总理路德的第一届内阁解体。然而，承认东部边界是不可能的，这涉及上西里西亚公投的创伤和波兰走廊等争议问题。但毕竟，德国政府第一次显见地有能力进行国际谈判。这些条约规定了德国加入国际联盟，并在 1926 年 9 月 10 日德国重返这个国际组织时生效。

无论德国的民族主义者如何咒骂、威胁并在议会中投票反对承认边界，"洛迦诺精神"还是稳定了和平，也是 1930 年 6 月莱茵兰去军事化的基础，并为德国的行动提供了巨大的扩展空间。早在 1925 年 1 月，德国就恢复了对其贸易关系的完全控制，战胜国现在已经腾出了德国本土所有被占的领土，对德国裁军的控制也越来越不彻底，直到 1927 年用只存在于纸面上的国际联盟控制取代了它。毕竟，从中获利的将是希特勒的重整军备计划。然而，首先，德国之所以能够照顾到苏联的顾虑，主要是由于谨慎的外交部部长古斯塔夫·施特雷泽曼。1922 年底成立的苏联将《洛迦诺公约》解读为针对它的西

↑ 德国外交部部长古斯塔夫·施特雷泽曼与他的同行约瑟夫·奥斯汀·张伯伦和阿里斯蒂德·白里安在洛迦诺会议期间合影，1925 年

方联盟。因此，1926 年 4 月 24 日，两国缔结了一个友好中立的《柏林条约》，两国重申维持在拉巴洛商定的路线，包括外交、经济以及军事方面，并同意不进行任何形式的抵制、不损害任何一方的利益。他们还保证在与第三国发生战争时相互保持中立。这特别削弱了波兰，符合苏联和德国双方的利益，因为德国希望修改东部边界，而波兰在 1921 年波苏战争中获得了领土。

即使与东部邻国波兰和捷克斯洛伐克的紧张关系仍在继续，德国对曾经的战争对手的行动也建立了不容低估的国际信任。这对于德国经济急需的外国投资，特别是美国投资来说尤为重要。而这也不是理所当然的，因为至少 1925 年 2 月帝国总统弗里德里希·艾伯特的早逝表明，德国人自己对他们的政治领导层并没有多少信心，因为他们推举了年迈的兴登堡元帅作为艾伯特的继任者，从那时起，兴登堡元帅将作为"代皇帝"，来体现稳定性和连续性。尽管兴登堡在国际上造成的创伤肯定多于他所灌输的信心，但他也无法阻止进步，因此在战争结束8年后，在外交政策方面甚至出现了一个统一西欧的梦想。施特雷泽曼与他的法国同行阿里斯蒂德·白里安（Aristide Briand）谈到了经济联盟、欧洲共同邮票甚至欧洲共同货币。1926年，两人因他们的努力而获得了诺贝尔和平奖。第一次世界大战后，白里安立即致力于法德和解和稳定的国际和平。《洛迦诺条约》以及1928年的《白里安—凯洛格非战公约》——由63个国家在1939年之前签署的放弃战争的承诺，很大程度上归功于他的努力。与施特雷泽曼类似，白里安从1925年11月到1932年去世前不久，经常在历届政府中担任外交部部长。此前，他曾多次担任包括外交部部长在内的多个部长职务，还多次担任法国总理，有时身兼多职。然而，很快人们就发现，"黄金的20年代"的稳定是多么具有欺骗性：无论白里安和施特雷泽曼相处得多么融洽，他们也无法调和各自国家的政治分歧。会谈的失败不仅是因为两国大多数人的民族主义，而且还源于《凡尔赛条约》等颇为真实的障碍。然而，德国外长的早逝——1929年10月3日，施特雷泽曼因中风去世，年仅51岁——在法国也被视为欧洲的一个新的开始。外交官哈里·格拉夫·凯斯勒（Harry Graf Kessler）在他的日记中指出："所有的巴黎早报都以最大版

← 1930年德国人民党的选举海报，展示了已故外交部长古斯塔夫·施特雷泽曼和他的遗产——以莱茵桥为象征的法德睦邻友好（海报上德文意为："选我的党，这是德国人民的党"）

↑ 1929年10月6日，在德国外交部部长古斯塔夫·施特雷泽曼下葬仪式上通过勃兰登堡门的送葬队伍

面的醒目标题刊登了施特雷泽曼的死讯……悲痛普遍而真实。人们觉得，毕竟已经有了一个欧洲的祖国。法国人认为施特雷泽曼正如欧洲的俾斯麦。"不久之后，欧洲梦终于破灭——1929年，世界经济危机爆发，"黄金的20年代"结束了。

（三）金钱、财政和赔偿问题的解决

如果观察 1924 年到 1929 年人们的休闲习惯，以及他们是否愿意把钱投资在晚间娱乐、收音机或各种爱好上，那么问题就不可避免地产生了：人们口袋里的钱从哪里来呢？首先，恶性通货膨胀后的货币稳定一次性使大部分储蓄金彻底消失。引入地产抵押马克，以及最终在 1924 年推出的等值帝国马克——一个帝国马克也正好相当于 1 万亿完全贬值的"纸币马克"——为经济稳定提供了必要的安全保障，也使外国人在德国投资成为可能。随着德

↓ 1921 年在比利时和法国军队占领鲁尔区的非军事区后，法国士兵在拉廷根集市广场上

国回归国际共同体，现在外国投资——主要是美国的贷款和投资——给德国经济注入了新的动力。短期贷款用于公共开支，而长期贷款则被企业家投资于经济重建，被政治家投资于偿还战争债务和应对赔偿要求。失业问题在两年内几乎完全消失了。只要这个经济循环完好无损，共和国的运作就会相对良好。

最大的不确定性仍然是赔偿问题。在《凡尔赛条约》签署后，一个由协约国代表组成、没有德国人参与的五人赔款委员会，即刻确定了德国必须在 1921 年 4 月前支付 200 亿马克的赔偿要求。这从一开始就是幻想，因此，鉴于德国凄凉的经济状况，战胜国现在要求交付物资，特别是煤炭和钢铁，同时占有德国商船队的很大一部分。战胜国就赔偿问题召开了几次会议，1920 年 7 月德国首次获准出席斯帕会议，但协约国要求的金额越来越"乌托邦"，西欧战胜国对德国的拒绝性回答的回应是，在 1921 年 3 月初占领了杜伊斯堡、杜塞尔多夫和鲁尔波特。根据伦敦赔付计划，协约国赔偿委员会早在 4 月底就将德国的债务定为 1320 亿马克，在 1988 年之前每年分期支付 20 亿马克，再加上德国出口总值的 26%，当时相当于另外 10 亿马克。帝国总理康斯坦丁·费伦巴赫认为这是不可接受的，于是辞职了。与此同时，1921 年 5 月 5

↓美国专家委员会在查尔斯·G. 道威斯的带领下抵达柏林。在他左边的是工业家欧文·D. 杨，1924 年 1 月

日，英国首相戴维·劳埃德·乔治又将这份文件交给了德国驻伦敦大使——连同一份为期 6 天的最后通牒，并威胁说如果他拒绝接受，协约国将占领整个鲁尔地区。维尔特总理领导的新政府通过帝国议会接受了这份赔偿通牒——德国社会民主多数党、德国民主党、中央党、德国独立社会民主党和一些德国人民党的议员都投了赞成票——并在 8 月底支付了第一个亿。同时，维尔特在 1921 年底试图向战胜国表明，鉴于急剧的通货膨胀，德国将无法长期支付赔款。他急于进一步谈判，1922 年 1 月被派去参加戛纳会议的瓦尔特·拉特瑙确实达成了缓期付款协议。英国首相特别主张这样做，结果德国从 1922 年 1 月 18 日起，每 10 天就要交付 3100 万马克。1922 年 4 月和 5 月在意大利热那亚召开了一次重要的国际金融和货币会议，除美国外，第一次世界大战的所有交战国，包括德国和作为沙皇帝国继承者的苏俄，都参加了这次会议。该会议关注的是恢复破碎的国际金融和经济体系。然而，法国总理雷蒙德·普恩加雷（Raymond Poincaré）断然拒绝就德国的赔偿问题进行重新谈判，因此赔偿问题没有被提出，而这又导致美国决定不参加这次会议。

德国最后的破产——莱茵兰和鲁尔被占领和随后的恶性通货膨胀——最终导致了道威斯计划的出台。在鲁尔被占领期间，1923 年夏末秋初，德国的收入甚至无法覆盖 20% 的支出，其中大部分资金都是由印钞厂提供的。现在，占领鲁尔的方针被放弃了，货币稳定是以社会最广泛阶层的贫困化为代价的。但是，法国拒绝重新就赔偿问题进行谈判，而且还支持莱茵分裂分子，这使得美国，以及不久之后的英国，对巴黎政府施加压力。最迟在 1923 年 11 月底，协约国赔偿委员会任命美国银行家查尔斯·盖茨·道威斯为专家委员会主席，该委员会于 1924 年 4 月提交了如下鉴定报告：赔款金额被定为 1320 亿马克，但不再规定支付期限，并根据实际经济实力调整年度支付额。因此，当经济形势良好时，德国必须支付比经济停滞时更多的赔款。此外，55% 的赔款将以现金支付，45% 的以实物支付。美国银行家、律师帕克·吉尔伯特（Parker Gilbert）1924 年 10 月开始在柏林担任赔款代理人，负责监督赔款。作为"道威斯计划"的发起人，查尔斯·盖茨·道威斯于 1925 年获得了诺贝尔和平奖。道威斯和吉尔伯特从此成为德国右派的仇恨象征和"凡尔赛指令"的化身，也成了纳粹党的靶子，而纳粹党在被禁后重新获得了力量。

随着道威斯计划和 9.6 亿马克的债券发行同时启动，帝国马克得以重新回到金汇兑本位制，这使得美国资本市场向德国的借款重新开放。公共部门、

↑ "占领鲁尔"期间的德国宣传海报，（图中文字意为"把手从鲁尔区拿开！"）

私营企业家和银行努力利用这一点，从外国贷方那里借到了近250亿马克——这远远超过了德国曾经支付的赔偿金——政府第一次有了足够的外汇可供支配，能够定期解决道威斯计划中的索赔。法国、比利时和英国也很高兴，因为他们现在有能力偿还对美国的战争贷款。然而，这并没有解决赔偿问题，因为德国所支付的资金其实是它首先必须赚取的。此外，阻碍欧洲各国经济发展起来的根本问题是，没有一家公司能与德国免费提供的产品进行竞争。德国人向各国政府偿还了他们的赔款和战争债务，这是以华尔街私人银行的贷款作为信贷资金的。

所以德国经济负债累累、资不抵债是迟早的事。帕克·吉尔伯特和1923年11月上任的帝国银行行长亚尔马·沙赫特（Hjalmar Schacht）自1927年以来一直在努力地推动节约使用预算资金，并开展了反对用公债投资的运动。沙赫特之所以能反对，是因为在协约国的压力下帝国银行自1922年起不再由帝国总理管理，而是由董事会管理——按照道威斯计划的要求，自1924年起完全独立。然而，德国政府发现自己陷入了两难的境地：外国贷款虽然量大，但在公众的印象中，它们只被用来偿还外国索偿债务。根据1927年3月与吉尔伯特和沙赫特的会议记录，帝国总理威廉·马克斯（Wilhelm Marx）说："他有些担心地注意到，国外对德国经济形势的看法过于乐观，因此大大高估了德国的支付能力。"同时，马克斯还说："帝国政府仍然无法在理想的程度上满足有需要的各阶层向它表达的一切愿望，尽管它必须承认这些愿望是十分合理的。有人仍然认为，鉴于道威斯计划对德国强加的困难条件，即使是合理的也必须推迟。"然而，这只能得出一个结论：要想不危及社会安宁，要想不激起对协约国"吸血者"更大的怨恨，公共机构投资就必须继续。

↓1929年10月，为反对"杨计划"的全民公决而发出的呼吁，文字意为"直到第三代人，拉你们的磨，干活！"

为了调和这一点，德国必须制定一个新的赔偿计划——最好与战胜国的外交政策让步挂钩。吉尔伯特建议，最终将德国的债务总额设定在一个现实的水平上，并将其作为债券投放市场。这样一来，德国就可以对法国一次性偿还所有债务，今后只需为国内投资者服务。对德国来说，偿还或中止赔偿一直是对国际债权人和国际社会施加政治压力的一种有效手段。将自己置于私人投资者手中，任何拒绝付款的行为都会自动对自身的信誉产生影响，这对德国政府来说几乎没有诱惑力，这也是为什么法国的额外让步对战胜国来说是不可或缺的。新任帝国总理穆勒表示自己愿意谈判——

至少是出于国内政治和党派斗争的策略考虑——并在此背景下要求协约国结束对莱茵兰的占领以及对帝国银行和帝国铁路的控制。因此,在1928年秋季举办的国际联盟会议决定成立一个新的专家委员会,其主席是美国工业家、美国无线电公司创始人欧文·D. 杨(Owen D. Young)。

↓德国代表团为了加入国际联盟,启程前往日内瓦,成员有(前排右起):内政部长威廉·库尔茨(Wilhelm Külz)、总理威廉·马克斯、外交部长古斯塔夫·施特雷泽曼和财政部长彼得·莱因霍尔德(Peter Reinhold),1926年9月

↑ 美国总统赫伯特·C. 胡佛

　　"杨计划"于1930年5月17日生效，其效力可追溯至1929年9月1日，是基于《凡尔赛条约》的最后一项赔偿计划。当时已有360亿马克到期，要连本带利偿还到1988年。而德国本身也必须确保将来所需的金额——无论经济状况如何——都能从税收中获得。外汇或实物支付不再由赔偿代理人接收，改由专门成立的国际清算银行接收。这也意味着协约国赔偿委员会消失，债权国失去对德意志帝国银行和铁路的控制。然而，随着全球经济危机的爆发，这最后的付款协议也化为泡影。1931年，美国总统赫伯特·C. 胡佛（Herbert C. Hoover）免除了对德国的所有进一步赔款，为期一年（胡佛准许延期赔付）；1932年，洛桑会议的与会者最终决定结束"杨计划"。然而，要支付的利息并没有被免除。只是在希特勒上台后，德国才拒绝支付这些款项。直到1953年，关于这个问题的谈判才再次举行，在无休止辩论和漫长谈判中，双方同意推迟支付1945年至1952年的利息，直到德国统一。从当时的角度来看，这只是一种幻想。1972年，德意志联邦共和国终于还清了纳粹时代的所有欠款利息，在2010年10月——第一次世界大战结束近92年后——才最终还清了第一次世界大战的债务。

（四）移民、反犹主义和仇恨犯罪

就像所谓的黑暗中世纪画面一样，1923年11月5日至6日，主要由失业者组成的愤怒暴民，辅之以暴徒打手、种族煽动者和众多围观者，将整个柏林的谷仓区闹翻了天。伴随着"打死犹太人"的怒吼，无数人被拖出了家门，并遭到伤害、虐待、羞辱，许多商店被洗劫一空，小酒馆和公寓遭到破坏和抢劫。直到大屠杀第一天的晚上警察才进行干预，当时局势有可能蔓延到城市其他地区。反犹狂潮的起因再次来自一个谣言。就像每一个发工资的日子一样，早上上千人在谷仓区以西的歌曼大街劳动局前排队领取他们的"救济金"。没有钱的消息传开后，民族主义煽动者故意散布谣言，说是犹太人在背后搞鬼。于是，等待的人们把怒火都指向了隔壁谷仓区的"加利西亚人"。该事件导致数百人受伤，一名犹太屠夫死亡，一名暴力罪犯被警察击毙。在接下来的几天里，警察局局长禁止了所有反犹太人的示威活动。

诚然，警察局局长不能禁止反犹主义本身——他是否真想这样做也是个问题。因为犹太人，尤其是东犹太人，被认为是"卓越的敌人"。他们被认为是战争和通货膨胀的获利者，是国际布尔什维克主义的代理人，他们引发了肮脏和犯罪，也是入侵德国的先锋。因此，反犹暴力行为——其中大部分在今天会被归为"仇恨犯罪"这一行为——从一开始就与魏玛共和国伴生。

↓ 警察在柏林谷仓区的一次突击检查中检查过往行人，1920年2月

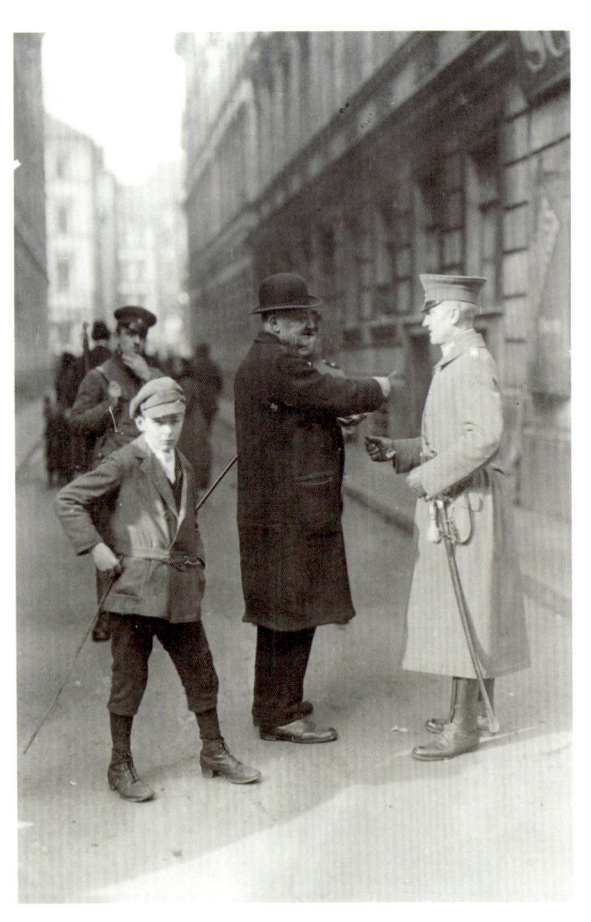

早在 1919 年初，波美拉尼亚的科尔贝格、西里西亚的巴尔德-萨尔茨布伦以及东普鲁士的克兰茨就发生了士兵参与的骚乱，学生们在马尔堡和吉森虐待他们的犹太同学，商人阿图尔·扎克（Artur Zucker）于 1919 年 8 月在柏林的选帝侯大街被殴打；在慕尼黑，1920 年至 1923 年发生了一系列反犹太人的暴力行为和诽谤运动；在柏林，1921 年 2 月"数百名大学生手持棍棒和石块，袭击了犹太教员，然后涌入选帝侯大街"，《纽约时报》称这是"柏林历史上的第一次大屠杀"。有时暴力与国家措施伴行，例如在巴伐利亚，在苏维埃共和国被血腥镇压后不久，"非巴伐利亚人的异邦人"被认定为革命的始作俑者。基督教农民协会运动中有影响力的报纸《巴伐利亚报》——由巴伐利亚人民党政治家格奥尔格·海姆（Georg Heim）出版——将苏维埃的统治归咎于"来自异邦的暴徒，大部分来自耶路撒冷行政区办事处"。内政部和军事部收紧了关于外国人的法律，并传唤所有 15 岁以上的外国人和无国籍人士以及 1916 年 9 月 1 日之后迁往慕尼黑的所有非巴伐利亚人到警察局。仅在慕尼黑，居住的外国人甚至没有 3 万名，这仍然低于 65 万总人口中的 5% 的标准。与德意志帝国其他地方一样，这里最大的群体是奥地利人，但他们在巴伐利亚州的逗留并没有受到批评：1919 年确立的驱逐做法主要针对波兰人和无国籍的东犹太人，而后者是作为难民在德国寻求庇护的。

↑ 反犹选举海报，1924 年 4 月（文字大意为："这奇耻大辱还要继续吗？摆脱犹太统治、利息奴役和奸商经济！请投票给德国社会党！"）

←柏林谷仓区的
东犹太居民

1919年12月初，柏林住房办公室主任恳请为东犹太人建立拘留营。在两周后的国民议会中，德国国家人民党国会议员莱因哈德·穆姆（Reinhard Mumm）——曾在魏玛宪法中制定了电影审查制度，随后在1926年又规定了文学出版物审查制度——还说，"来自东部的移民"必须被关进"集中营并尽快遣返"。普鲁士内务部部长沃尔夫冈·海涅（Wolfgang Heine）——尽管他是社民党党员，但他非常保守，以至于卡普政变分子想让他继续执政——非常热衷地警告大家，不应该"故意让人们落入刽子手之手"，他暗指波兰普遍存在大屠杀行为。在卡普政变后，1920年3月27日，魏玛防卫军在一次突袭中直接将250多名东犹太人关押在柏林附近佐森（Zossen）旁边的温斯多夫营（Lager Wünsdorf）中。但是迫于公众的压力，这些囚犯在一周后就被释放了。一年后，来自德国民主党普鲁士内政部部长亚历山大·多米尼库斯（Alexander Dominicus）——因其在斯特拉斯堡提出失业保险的开创性想法而闻名于世，也是舍恩贝格并入柏林前的最后一任市长——下令在科特布斯和斯塔加德建立两个被称为"集中营"的驱逐营。那里的犹太囚犯报告了看守对他们进行的羞辱、侮辱和虐待行为。议会在经过激烈的辩论后要求关闭这些集中营，但该要求直到1923年12月才得到实现。1925年的一次人口普查显示，近41%的外籍犹太人居住在柏林。在恶劣的条件下，谷仓区——后来常常被浪漫地称为"米尔约"（Milljöh）[1]——形成了东犹太移民的生活和文化中心。与其他外国人群体一样，他们自然而然地定居在有为他们量身定做的基础设施的地方，在那里他们更容易找到工作（主要是简单的居家手工活，如卷烟），他们的宗教、饮食和文化需要也可以得到满足。他们往往也很容易从衣着上辨认出来，他们的宗教和文化习俗对非犹太人占多数的社会来说非常有陌生感，对大多数高度同化的德国犹太人来说也是如此。当然，反犹主义并不限于针对东犹太人，它还波及了所有宣称信奉犹太教或被认为是犹太人的人。在这种情况下，最狂热的反犹主义者从不厌烦地暗示，德国犹太人只是掩饰了自己，"原始的东犹太人"是他们"原生的、不可驯服的存在本质"，正如《反犹主义防御协会的来信》在1920年引自臭名昭著的、仇视犹太人的西奥多·弗里奇（Theodor Fritsch）的话。值得一提的是，德国犹太教公民中央协会一再为自己辩护，甚至在法庭上反对反犹主义，试图启蒙人们。它毕

---

[1] 柏林方言，德语写作 Milieu，本意为环境，这里指20世纪20年代柏林一片城区。——译者注

↓ 通过像1924年5月这样的传单，德国前线犹太士兵同盟试图抵制前线的反犹主义煽动，抵制"强迫"犹太人上前线（文字大意为："致德国的母亲们！72000名犹太士兵已在前线荣誉地为祖国捐躯。基督徒和犹太英雄们共同战斗，光荣地客死异乡。12000名犹太子弟已战死！盲目的党派之仇不会因为坟墓而停止。德国的女性，不要容忍痛苦被人嘲弄。——德国前线犹太士兵同盟"）

竟可以合理声称它代表所有约60万德国犹太人中的近一半人发言。然而，该协会保持对东犹太人一种批判的、疏远的态度。

几乎与这些同时，来自已解体的俄国沙皇帝国的人也在德国寻求避难，但与犹太移民原因完全不同。在1922年至1923年移民潮的高峰期，德国约有60万名讲俄语的难民，其中仅柏林就有36万。他们不仅在数量上多出犹太人许多倍，而且在社会结构上往往与穷困潦倒的东犹太人有相当本质的区别。说俄语的流亡者中军官、公务员、艺术家、商人、政治家、大资产阶级和贵族的比例很高，他们现在不得不与身无分文的外国难民一样咀嚼苦涩的面包。可以发现他们中间政治活动颇为频繁——这至少是因为新的共产主义俄国在德国也有外交、政治、经济、文化乃至军事方面的代表。他们常常试图通过开办餐馆、咖啡馆、古籍书店、芭蕾舞学校或皮草店来谋生——在俄语移民中心的柏林夏洛滕堡区，至今仍然如此。这些流亡者还成功地在柏林建立了令人印象深刻的出版业：历史学家卡尔·施洛格尔（Karl Schlögel）指出，"俄罗斯柏林"在1918年至1924年出版的图书比莫斯科或彼得格勒出版的还多，86家出版机构出版了2000多本图书。除了散居在全球各地的说俄语的侨民，就连苏联人也成了这些来自德国首都的印刷品的读者。这些图书中有后来世界著名作家弗拉基米尔·纳博科夫（Vladimir Nabokov）的第一批出版物，他于1922年来到柏林，临时担任网球教练和UFA电影公司临时电影演员，1937年因纳粹党打压而不得不再次移民。

←柏林俄罗斯移民歌舞团"歌舞女郎"的节目《蓝鸟》，1929年

然而，许多德国人对"外国人"的偏见不仅仅涉及俄国人和犹太人，反犹主义者通常对犹太人是外国人还是德国人毫不关心，对美国人、法国人或英国人也一视同仁。但不同的是，这些人被认为对德国的政治和经济状况负有集体责任，而来自东方的难民则被认为是具体犯罪的总嫌疑人，是对社会存在感到恐惧和对社会衰退感到恐惧的替罪羊，或者是造成"过度异化"的普遍原因。如1921—1922年在西里西亚或1925—1926年在马格德堡发生的丑闻诉讼：一名会计被谋杀被归咎于犹太制造商鲁道夫·哈斯（Rudolf Haas），虽然真正的抢劫杀人犯已经认罪，但右翼报刊肆无忌惮地宣扬其反犹主义的仇恨，甚至连主审法官也力争将这个被证明是无辜的企业家定罪。这些案件被载入反犹主义的历史，并影响了20世纪20年代的司法辩论。保守派、右翼和右翼极端主义的报纸和其他出版物——在一定程度上也包括魏玛时代的左翼和共产主义的报纸——充斥着反犹和排外的文字，人们不能不注意到，排外的偏见和仇恨的情绪似乎具有某种内在的永恒性。

（五）丑闻及其在政治和日常生活的作用

魏玛共和国在经济、政治相对稳定的时期，也出现了许多政治、经济纠葛，这些纠葛清楚地表明，政治右派对民主的排斥依然严重。媒体的惯用伎俩是，当犹太企业家或民主政治家被认定为有罪时，它们就指斥为丑闻，而当这些事件是由民族主义或反动势力引起时，它们就保持沉默。

"今天你是第一，受所有人尊敬，是大臣，是将军，甚至可能是侯爵——可你知道明天你会是什么吗？！"这是弗里德里希·威廉·穆诺（Friedrich Wilhelm Murnau）的电影《最后的男人》(1924)的片头语。这则银幕寓言之所以出名，主要是因为后来在好莱坞取得成功的卡尔·弗洛伊德（Karl

↓尤利乌斯·巴尔马特和他的家人们

Freund）在技术上和视觉上具有突破性的"释放镜头"，它讲述的是人生的多变，一个人可以出乎意料地白手起家，也可以很快地跌回一无所有。巴尔马特兄弟和斯克拉雷克兄弟在此期间发挥主导作用，因为他们几乎处于魏玛共和国的电影般戏剧化的政治经济事务的中心。

尤利乌斯（Julius）和亨利·巴尔马特（Henri Barmat）是来自俄罗斯帝国的犹太商人，一战后从荷兰来到了柏林。1924年新年前一晚，他们被捕了，因为前不久他们匆忙合并的商业集团因财务困难而倒闭了。尤利乌斯·巴尔马特从公款中得到了约1400万马克，这些钱主要是来自普鲁士国家银行（海上贸易）的贷款，因为他利用与社民党领导成员的联系，贿赂官员得到了这笔钱。与此同时，不过与巴尔马特无关，同样是犹太商人的伊万·库提斯克（Iwan Kutisker）通过伪造的抵押金成功地获得了大约1100万马克，但这些抵押金既没有经过帝国邮政也没有经过普鲁士邦国家银行的正规检查。因此，库提斯克是个骗子。巴尔马特夫妇要被指控的具体罪名，检方甚至到1925年3月都无法确定。但一些新闻界人士则不同：在巴尔马特夫妇被捕后，他们立即条件反射地构建了一个反犹主义的阴谋幻想，并与库提斯克联系起来。由于与社民党有接触，巴尔马特的"丑闻潜力"远高于"单纯的骗子"库提斯克，这也是为什么后者的名字很快就只能作为纯粹出于反犹动机的附属品。巴尔马特丑闻能够表现对魏玛共和国的所有仇恨情绪和态度：从"犹太共和国和投机商共和国"这种论调可以看到对东犹太人剥削的恐惧，人们认为他们不仅给德国带来了腐败，还垄断了德国；还有对资本主义的排斥和社民党的"阶级背叛"，巴尔马特丑闻为众多朗朗上口的陈词滥调提供了便利，似乎是在为它们提供论据。事实上，民主派的高级政客曾在巴尔马特家出入，这些人包括社民党领袖奥托·韦尔斯（Otto Wels）、后来的帝国总理赫尔曼·米勒、柏林警察局局长威廉·里希特（Wilhelm Richter）以及前德国总理古斯塔夫·鲍尔。来自中央党的邮政部部长安东·霍夫勒（Anton Höfle）曾给巴尔马特写

↓ 1925年1月，德国邮政部部长安东·霍夫勒

过证明后者信誉的推荐信。从 1919 年开始,战时和战后的商业及政治人脉的融合帮助巴尔马特的公司实现飞速发展,他们的生意蒸蒸日上。所有这些纠葛意味着,"犹太人经济丑闻"这一反犹、反共和的建构,即道德上可疑的(东)犹太人"统治",他们同样为社民党和资本主义服务,却损害了德国的利益,这样的建构是如此容易被接受。纳粹党利用其报纸《民族观察家》为这一丑闻的发酵推波助澜。在提到魏玛联盟的各党派时,人们谈论的是"巴尔马特集团",说他们都是"犹太人和犹太人的仆人",认为在 1925 年的帝国总统选举中投票,"所有德国人都应该投给兴登堡"!一本德国国家人民党的小册子使用了"巴尔马特沼泽"一词,并很快成了流行语,这暗示帝国总统弗里德里希·艾伯特都被卷入了这一丑闻,但这一说法又被证明是毫无根据的。但是,将丑闻事件以偏概全,并利用这些事件来诋毁这个年轻的民主国家,对于反共和主义者和反犹主义者来说完全轻而易举。四年后,斯克拉雷克(Sklarek)丑闻也产生了类似的破坏性影响,该事件与上述事情有许多相似之处,稍后将会讨论。

随着巴尔马特丑闻的发酵,鲍尔和社民党政治家恩斯特·海尔曼(Ernst Heilmann)放弃了他们在帝国议会中的席位,后者在 1925 年被逐出社民党,但一年后又被恢复了名誉。曾向巴尔马特发放帝国邮政贷款的霍夫勒不得不于 1925 年 1 月辞去邮政部部长职务,并在柏林被监禁,于当年 4 月去世。里希特先被批准休假,后转为提前退休。1926 年 1 月,"巴尔马特及其同伙"被提起诉讼;1928 年 3 月,尤利乌斯·巴尔马特被判处 11 个月的监禁,而他的兄弟亨利则被判处 6 个月的监禁,罪名都是行贿。然而,其他所有涉案人员都被无罪释放,因为他们公司的破产和利用上层政治关系都不构成违法。工业巨头雨果·斯汀内斯的继承人可能对此了如指掌:1925 年他们公司的倒闭是魏玛共和国经济史上最昂贵、社会影响最大的破产事件——但几乎没有人指控他们欺诈。斯汀内斯是共和国敌人之一,不是民主的东犹太人,这根本不符合媒体关于共和国敌人的概念。在此期间,已经被人遗忘的库提斯克也被提起诉讼,他确实犯了欺诈罪,但在 1927 年 3 月宣判前一天就死了,因此他是继霍夫勒之后死在警察拘留所的第二人。

警察的作用也在另一个真实的丑闻——大屠杀凶手汉诺威人弗里茨·哈曼(Fritz Haarmann)的案件中受到了关注。哈曼的犯罪早在 1918 年的战后动乱时就开始了,然后从 1923 年 2 月起,他至少残杀了 27 名 10 岁至 22 岁的男童和男青年。哈曼将这些人开膛破肚、肢解他们的尸体,并变卖他们的财物。哈曼于 1924 年 6 月被捕,对他的审判表明,由于当时糟糕的经济状况,他用提供食物和睡觉的地方引诱受害者是多么容易。此外,哈曼在他的邻里之间被认为是"善良之人",所以等到哈曼出售的财物或被赠送给无家可归者的财物来源被公布时,他的周围人都大跌眼镜。虽然很难清楚地知道他的邻居是否以及在多大程度上从他的犯罪中获利,但据称完全没有人对他有所怀疑。然而,最糟糕的是,警方自己也极力压制对哈曼的怀疑,因为他曾作为线人帮助警方找到窝藏嫌犯。哈曼案引发了诸多争论,人们围绕着罪责与能力、社会共同责任展开了广泛的讨论。有人觉得他犯下罪行折射出黯淡的社会和经济状况。有些人则讨论所谓的同性恋者或像他一样在童年时遭受性暴力的人的犯罪倾向。还有人质疑警察的角色,因为他们掩盖了事实——警察雇用他作为线人,从而帮助他在社区中获得了社会威望。西奥多·莱辛(Theodor

↓ 大屠杀凶手弗里茨·哈曼在 1924 年 11 月审判开始时的情景

Lessing)——魏玛共和国最著名的政治宣传家之一——特别强调了这些观点，哈曼因此被排除在立即审判之外。然而，社会讨论仍在继续，人们对包括调查和审讯方法、酷刑和心理暴力，甚至死刑展开了长时间的讨论。哈曼本人于 1925 年 4 月 15 日在汉诺威被处决。

纯粹的政治辩论和意见表达也导致了丑闻，例如，1924 年《中德意志新闻》的一篇文章指责帝国总统弗里德里希·艾伯特，说他在 1918 年的行为对战争失败负有部分责任。在这种情况下，艾伯特与格勒纳将军的秘密协议和他在 1918 年 1 月罢工中的作用都被公开。艾伯特在马格德堡地方法院以侮辱罪对该报记者提起了诉讼，并为自己在一月罢工中的作用辩护，说他只是为了结束罢工而让自己当选为罢工委员会成员。尽管这名记者在 1924 年圣诞节前不久确实被判犯有诽谤罪，但他关于艾伯特参加一月罢工是叛国的说法在法律上得到了承认。法官们再次用一记耳光惩罚了民主共和国。更糟糕的是，艾伯特因为审判而推迟了一次必要的手术，于 1925 年 2 月 28 日死于腹膜炎，年仅 54 岁。

不过，把魏玛的民主制度置于可疑境地也不是特别困难，例如，1926 年 12 月，英国《曼彻斯特卫报》揭露了魏玛防卫军与苏联军队之间的秘密军备合作。在菲利普·谢德曼的鼓动下，社民党在帝国议会中发起了不信任投票，这使得马克斯政府在 1927 年 2 月 1 日倒台。然而，这并没有被视为一个民主制度正常运作的信号而受到欢迎，反而使议会被认为是丑闻、虚假交易、政党争吵和政治不诚实的宝地而失去信誉。在 1928 年帝国议会选举之际，另一个军事项目格外引人关注：从 1926 年开始，魏玛防卫军就一直在推进现代战舰的建造工作，次年他们的预算中首次出现了装甲巡洋舰 A 号（Panzerkreuzer A），金额高达 500 万马克。在 5 月的国会选举之前，社民党和基民盟准备将该项目作为政治辩论的主题："为了孩子的食物——反对建造装甲巡洋舰！"德国共产党领导人恩斯特·泰勒曼（Ernst Thälmann）特别利用了民众对免费校餐的需求来反对这个既昂贵又无用的工程。德国共产党获得了 1.7 个百分点的支持率，而社民党则获得了近 4 个百分点的支持率，在选举中脱颖而出，成为最强政党。经过艰难的谈判，赫尔曼·米勒成为由社民党、中央党、民主党和巴伐利亚人民党组成的大联盟的总理。而他也终于在"装甲巡洋舰 A 号"项目上屈服了。1931 年 5 月，这艘被帝国总统兴登堡命名为"德意志号"的军舰在基尔下水，但这时赫尔曼·米勒已经去世，魏玛共和国最后一届以议会

↑ "德意志"号装甲巡洋舰在基尔的日耳曼尼亚船厂举行的船只命名仪式和下水仪式，1931 年

多数为基础的政府已成为历史。

当然，左翼政党在 1928 年的帝国议会选举中战胜了资产阶级和右翼政党，这并不完全是因为反对装甲巡洋舰的建造。更确切地说，一个重要的问题是所谓的"侯爵征用"：在革命时期被剥夺权力的德国王室的部分可观资产被各自负责的州没收了，但并未被国家征用。在奥地利共和国的人们更不妥协，所有王室被国家征用，所有贵族头衔无一例外地被废止。在随后的几年里，个别侯爵向德意志帝国的各个邦提起赔偿诉讼，并获得了支持。1925 年 11 月 25 日，德国共产党提出一项法案，要求进行无偿征用：侯爵们的财产将被移交给农民和佃户，城堡将被改造成疗养院或生活区，而现金资产最后将交给战争伤残者及其遗属。由于这一政策在帝国议会中很可能得不到多数票，

投票被转移到了街头。在"不给侯爵们一分钱！"的口号下，共和国举行全民公决，以绕过帝国议会。1926年3月，公民投票取得了完满成功，因为不仅德国共产党的支持者，以及绝大多数社民党选民都希望看到——尽管他们党的领导层犹豫不决——20亿马克可以有更好的用途以解决社会问题，而且许多中央党和德国民主党（DDP）的选民，甚至一些地区的保守派和民族主义者，也对国家无偿征用政策投了赞成票，因为该立法倡议有益于许多与广大民众相关的事务，且没有涉及政党的偏好。因此，公投被允许进行，但在1926年6月20日失败了，不是因为缺乏同意，而是因为缺乏参与。帝国总统兴登堡和保守的帝国总理路德确保了这一点，他们规定简单的多数是不够的，至少要经过50%有投票权的人——也就是约2000万人——同意。因此，每张弃权票、每张无效票和每张未投的票都自动成了反对票。贵族协会、教会、工业和大地主以及政治右翼阵营的政党和组织也站在侯爵贵族一边——正如他们的同时代出版物所显示的那样。部分原因是他们担心，如果王公贵族财产国有化的大坝溃坝，大规模的社会化和征用浪潮将会出现。于是他们呼吁抵制该政策，也给追随他们的选民——尤其是农村地区的选民——施加了巨大的压力，这最终导致投票达不到必要的法定人数，公投从而失败。此后经过无数次无果的帝国议会辩论，与各亲王的个别补偿协议终于生效，这些协议规定了各邦与其前统治者之间的资产分配。

  这种投票显示了直接民主的力量，同时也显示了帝国议会的相对软弱。向失败的统治者提供丰厚的补偿同时关注与广大人民群众相关的经济和社会问题，政治左派的支持者和许多资产阶级政党都投下了明确的一票，鉴于以上种种情况，魏玛共和国政治中的极右倾向似乎遥遥无期——至少在目前如此。此外，"罗宾汉"这种取之于富人、用之于穷人的思想依然大受欢迎。"一把万能钥匙和股票有什么区别？"贝托尔特·布莱希特借麦基·梅塞尔（Mackie Messer）的口在《三毛钱歌剧》中问道："抢劫银行与创办银行有什么区别？"柏林兄弟弗兰茨和埃里希·萨斯（Franz und Erich Sass）忠于这个座右铭，自1926年以来，他们因一系列银行抢劫案而在公众中享有极高的知名度。1929年1月，他们展开了最壮观的奇袭，在通过一条自建的地道进入维滕贝格广场上的迪斯康托公司分部的保险库后，他们——如传说中那样——将从保险箱里偷来的一些钱放进了莫阿比特街区贫困家庭的信箱里。一个有

←社民党关于征用侯爵财产全民投票的海报，1926 年 3 月

组织的犯罪团伙也有一定的知名度，但由于他们会恐吓目击者并制造不在场的证明，他们的罪行没法得以证明。比如"肌肉"阿道夫·莱布（Adolf Leib）这样的罪犯就是如此。导演弗里茨·朗在拍摄其著名的电影《M：一座城寻找一个杀人犯》（1931 年）时就曾向阿道夫·莱布咨询。另外，媒体对"永忠"或"德国橡木"等大犯罪集团的报道，都使犯案人变成了英雄。

↓被萨斯兄弟抢劫后的迪斯康托公司保险库。几天后,这起奇袭事件才被发现

（六）媒体的力量

"今天，所有的东西都被非常舒适地提供给我们／报纸以最快的速度供应／毕竟它们每小时、每分钟、每秒钟都会来／而你今天已经在看明天会发生什么了！"奥托·罗伊特又一次道出了真相：在魏玛共和国，报纸获得了如此重要的意义，以至于 20 世纪 20 年代被看作媒体时代的开始。

魏玛宪法没有涉及国家对媒体的控制，也没有审查制度——在这方面，制宪者们也想明确地将新政府与帝国区分开来。虽然在 1926 年 12 月通过了一项法律，以禁止"垃圾和肮脏的文章"——至于怎样去制造，并没有人界定。但在第二年，柏林和慕尼黑设立了审查办公室——任何人但凡通过审查，只要有能力就可以出版作品。各政党也很快认识到了新闻界的重要性：社民党早就有了自己的报纸《前进报》，如今的发行量很大，特别是自 1922 年社民党与德国独立社会民主党（再次）合并后，该报得以确立自己作为整个民主派喉舌的地位。出版社如雨后春笋般涌现，已成立的无党派日报也加入其中，其中包括作为德国共产党机关报的《红旗报》，以及慕尼黑的《民族观察家》，该报是纳粹党在 1920 年并购的。大部分新闻产品来自柏林：1928 年仅首都就出版了 147 份日报和周报，1932 年仍有 110 份报纸（不包括杂志），总发行量近 157 万份。摩斯（Mosse，自 1867 年起）、乌尔施泰因（Ullstein，自 1877 年起）和谢尔（Scherl，自 1883 年起）三家大型出版机构集中在报业区，自 1900 年左右起，报业区已成为世界上最大的新闻中心。此外，还有 500 多家图文公司、印刷厂和小型出版机构，自 1879 年起，还有帝国出版社。与此相距甚远的是位于坦佩尔霍夫区（Tempelhof）泰尔托运河

←柏林卖报人，1926 年

（Teltowkanal）的乌尔施泰因印刷厂（Ullsteinhaus）于1927年开业，该厂是欧洲最大的印刷厂。尽管德国报业呈现出多样化的格局，但德国报纸有时缺乏变通：直到1928年3月，著名的左翼报纸《柏林日报》才开始从"德文哥特体"向"通用拉丁体"过渡，而后者已在所有使用拉丁字母的国家通用，这种字体的改变也保证了德国报纸的可读性，甚至在对此感兴趣的国外也是如此。然而，所谓"柏林格式"（31.5厘米×47厘米）的使用，在国际上产生了巨大的影响——这是首都作为报业之城的一种表现，这点至今依然可见。

报纸在塑造政治舆论中起到了至关重要的作用，它使魏玛共和国的政治分歧几乎可以被精确追溯。自由民主相关的内容主要由摩斯和乌尔施泰因出版社负责。其中最重要的报纸是《柏林日报》（摩斯出版社），从1906年到1933年，该报的主编是西奥多·沃尔夫（Theodor Wolff），他是魏玛共和国最受尊敬的政治记者之一，该报政治部有90多名编辑、社会评论家和外国记者。传统报纸《福斯报》（乌尔施泰因）于1920年至1930年被主编乔治·伯恩哈德（Georg Bernhard）塑造为左翼自由主义的旗舰。伯恩哈德和沃尔夫都是1918年德国民主党的创始人，也是犹太人，是反犹煽动的首选目标。1933年，伯恩哈德成为最重要的德语流亡报纸《巴黎人日报》的联合创始人。民主报纸中还包括乌尔施泰因发行的《柏林晨邮报》。该报的特点是中立和政治平衡，而不是几乎在其他地方都能找到的观点新闻，这确保了对读者和广告商的吸引。《柏林晨邮报》每日发行量超过60万份——在1927年高峰期甚至达到70万份——是德国发行量最大的报纸，远超其他报纸。政治自由主义的主要媒介是传统的《法兰克福报》，它是德国四家国际知名报纸——其他三家是《柏林日报》《福斯报》和《德国日报》——中唯一一家不在柏林出版的报纸。在本诺·莱芬伯格（Benno Reifenberg）1924年至1930年牵头的著名文化专栏中，魏玛共和国几乎所有的知识分子巨擘都写过文章，其中包括有影响力的电影评论家和理论家齐格弗里德·克拉考尔（Siegfried Kracauer）。在政治上，《德国日报》比《法兰克福报》更右一点，《德国日报》吸引的是右翼自由主义者和温和保守的中产阶级。其由

↓右翼反动媒体大亨阿尔弗雷德·休格伯格（Alfred Hugenberg）

于与国家关系密切，曾被讥讽为"俾斯麦的家邮"，而且部分资金由外交部提供，1920 年被工业家雨果·斯汀内斯接管。1925 年斯汀内斯公司倒闭后，其日益增长的民族保守主义倾向停止了，但最迟在四年后施特雷泽曼去世时，反共和主义的主旨已经明确。《德国日报》成为"鲁尔邦"的喉舌和资产，"鲁尔邦"是一个由 12 位最有影响力的鲁尔工业家组成的非正式俱乐部，成立于 1928 年。保尔·劳什（Paul Reusch）、弗里茨·蒂森（Fritz Thyssen）、古斯塔夫·克虏伯·冯·博伦（Gustav Krupp von Bohlen）和哈尔巴赫（Halbach）、保尔·西尔弗贝格（Paul Silverberg）、弗里德里希·斯普林格伦（Friedrich Springorum）以及他们的战友企图通过报纸和高额党内捐款，在德国人民党、德国国家人民党、中央党和德国民主党之间形成一个资产阶级捐款运动。

民族主义保守派和反共和国倾向的读者往往会阅读宣传切己利益的《柏林本地广告》（谢尔出版社），而主要对经济感兴趣的读者则研究《柏林证券交易所快报》，该报在 1923 年全盛时期的发行量为 5 万至 6 万份，在 1925 年至 1927 年，每期仍达 4 万份。虽然名字叫"证券交易所快报"，但它是第一份引入德国议会报告的德国报纸，从 1885 年开始，它推出了自己的体育专栏，这在 20 世纪 20 年代成为标配。《柏林周三报》（乌尔施泰因出版社）的广告宣称它要做"世界上最快的报纸"：编辑的截止时间是下午 1 点，即街头销售前半小时。该报的撰稿人中甚至有两位真正的大人物，也就是社会和体育记者贝拉·弗洛姆（Bella Fromm）和后来风靡世界的好莱坞导演比利·怀尔德（Billy Wilder），但它不是唯一的小报。每天有数以百万计的报纸通过"报童"以街头销售的方式被送到德国各地读者手中，这是所有小报的主要发行渠道，而且——特别是在突发新闻方面——通常是第一信息来源。此外，德国各地还出现了几乎难以计数的地方报纸、教会报纸和工会报纸，以及为各种职业或利益集团制作的报纸和杂志。1922 年成立的《中央协会报》每期发行量超过 6 万份，是发行量最大的犹太新闻机关报。德国一半的犹太机构和社区制作的报纸和杂志都在柏林出版。

↓共产主义媒体大亨威利·穆岑伯格

一些媒体机构所获得的影响力在当时已经令人担忧，例如，反共和主义的商业领袖阿尔弗雷德·休格伯格（Alfred Hugenberg）——民族主义反犹的"全德协会"的联合创始人，克虏伯集团董事会前主席，后来成为希特勒的马前卒——成功地建立了一个主导市场的媒体帝国。他自 1916 年起拥有德国三大出版机构之一的谢尔出版社，该社通过报纸、图书和小册子传播民族主义、反共和以及排外的声音。此外，他还在 1927 年收购了经济困难的乌发（UFA）电影公司的多数股权，并凭借该公司控制电影市场。乌发电影公司在 1917 年由鲁登道夫将军创立，名为 BUFA（Bild-und Filmamt，照片和电影局），目的是利用动态影像这种新媒体进行战争宣传。在经历第一次世界大战和公司私有化之后，它很快发展成当时欧洲最大的电影和院线集团，其中包括波茨坦附近的巴贝尔斯堡电影制片厂、5000 多家电影院和一家全球电影发行公司。除故事片外，该公司还制作了新闻周报节目，从 1920 年开始，新闻片已成为另一种重要的信息媒介。新闻周报是时长约 30 分钟的新闻报道影片，在电影院放映正片之前播放，播放一周以来所有重要事件。这需要庞大的通讯员网络以及与外国新闻周报制作人的良好关系。从 1930 年开始，它还引进了有声电影，并根据报道的内容，为新闻配上合适的音乐和评论。新闻周报甚至比报纸更适合影响大众，因为它几乎没有任何竞争：在德国只有三家制片商——乌发、德力希（Deulig）和福克斯（Fox）——制作这种影片，每家公司只能在自己的电影院里放映它们的新闻周报。乌发公司在这个市场上占据了主导地位，其他公司的新闻周报没有同等的信息来源。自 1913 年以来，休格伯格集团还包括由四家通讯社合并而成的"电报联盟股份有限公司"，该公司发展为德国最大的通讯社。休格伯格最初利用它们进行战争宣传，几乎垄断了信息来源，特别是他还通过"广告汇股份有限公司"控制了广告市场。1920 年，这位媒体大亨成为帝国议会议员，8 年后成为德国国家人民党的党魁。与休格伯格的企业集团在政治主张上截然相反的是德国第二大媒体集团。它由共产党宣传负责人威利·穆岑伯格（Willi Münzenberg）控制，他从 1924 年起担任帝国议会议员，同时是《世界晚报》《柏林晨报》等流行报纸，尤其是魏玛时期最重要的流行杂志《工人画报》的出版商。作为制作负责人，他还制定了普罗米修斯电影公司和电影卡特尔"世界电影"股份有限公司的计划，在 1925 年成立了反对欧洲殖民主义的"反帝国主义联盟"，1933 年 2 月组织了最后一次德国新闻自由会议——"自由发言"；作为流亡出版商，他还出版了《棕皮书》一书，这是一本记录纳粹不公正的材料集，作者是"愤怒的记者"埃贡·欧文·基什（Egon Erwin Kisch）。

媒体的力量表现在具体的行动上。《每日新闻》的煽动性运动和卡尔·赫尔弗里希（Karl Helfferich）的小册子《和埃尔茨贝格一起前行！》导致1921年财政部部长被暗杀。媒体对国家危机的报道，深刻影响了人们对现有社会秩序的态度。例如，最早的媒体丑闻之一很好地体现了这一点。乌尔施泰因出版社的《柏林画报》是德国发行量最大的图文报纸，它在1919年8月21日的头版上刊登了一张帝国总统艾伯特和帝国国防部部长诺斯克的照片，在这张照片中，他们只穿着游泳裤站在齐膝深的波罗的海中。在他们面前，汉堡消费者合作社的董事会成员约瑟夫·里格（Josef Rieger）打扮成海王星的样子，正从水中浮出来。这是一张纯属私人纪念的照片，照片上共有6名男子，其中4名男子穿着在当时不太合适的泳装，不知何故，这张照片被传给了保守的《德国日报》。在那里，它被完整地印了出来，并被附上了一段嘲笑文字，但起初没有人对此感兴趣。但当《柏林画报》把有艾伯特、诺斯克和"海王星"的剪报刊登在头版时，对共和国的诋毁才算完美。这则报道本可以用来强调魏玛共和国最高代表的亲民形象，但该摄影作品只能"证明"新德国政府的首脑是如此"小丑"。直到去世，艾伯特不得不一次次地面对这张"泳裤照"。

媒体的力量不仅矮化了统治高层，还十分具体地影响了政治态势。最好的佐证是斯克拉雷克丑闻。1929年秋天，斯克拉雷克家族的三兄弟列奥、马克斯和威利身陷经济丑闻之中，卷入这次事件的还有柏林许多高层人物，丑闻给他们造成了约1000万马克的损失。和巴尔马特家族一样，斯克拉雷克家族也是犹太商人和社会新贵，在政治上拥有一流人脉。作为负债累累的柏林服饰纺织公司的所有者，他们与首都政府签订了一份垄断合同，规定所有市政部门——包括医院、监狱和无家可归者援助部门——必须全部通过这家纺织公司来采购服装。斯克拉雷克兄弟需要贷款来偿还债务，为此他们进行了大规模诈骗，向市政府寄送了既未订购也未交付过的货物账单。这些账单被提交给银行，作为所谓柏林服饰纺织公司营业额增长的证据。作为回报，斯克拉雷克兄弟获得了新的贷款，也在1925年和1929年续签了垄断合同。而这又被柏林城市银行接受，作为发放新贷款的担保。1929年9月26日，诈骗案曝光，公司老板被逮捕。这起案件暴露了灾难性的政治管理不善，对那些认为城市管理部门腐败无能、任人唯亲的人来说,正中下怀。不过,斯克拉雷克家族的政治关系更重要。就像在巴尔马特案中一样,他们给了右翼报刊,特别是正在崛起的纳粹出版物一个报道新的"犹太经济丑闻"的机会。这不仅涉及社民党的政治家,还涉及柏林几乎所有党派的政治家和有影响力的人物。斯克拉雷克兄弟曾将量身定做的昂贵服装以远低于市场的价格卖给有影响力的熟人,甚至完全"忘记"账单。其中,柏林市市长古斯塔夫·伯斯的妻子曾获得过一件顶级皮草大衣。伯斯面对这些指控,申请对自己进行纪律处分,以澄清事实。他于1929年11月7日辞职,因为他很快被指控贪污,并在一场充满仇恨的新闻运动中被针对。作为所谓腐败的、犹太人主导的共和国的象征,斯克拉雷克丑闻强化了许多偏见,被强行作为许多事情的"证据":列奥和威利从1928年起就是社民党的成员,他们的兄弟马克斯是德国民主党的成员。他们的公司向政治组织"红色援助"和德国国家人民党提供了财物捐赠,除此之外,社民党和德国民主党也收到了捐赠;两名德国共产党

↓艾伯特(右二)和诺斯克(左二)与汉堡消费者合作社董事会成员在哈弗克鲁格游泳的照片

市议员和几名德国国家人民党成员也受到了贿赂。"吸睛事物"有皮草大衣、雪茄和葡萄酒，或邀请参加宴会或去赛马场，或去巴黎或意大利旅行，或赠送股票和直接贿赂，这些财物和行动几乎让柏林全部有影响力的人物受

←斯克拉雷克兄弟服饰纺织公司的破产资产拍卖

益。1929年10月13日，西奥多·沃尔夫在《柏林日报》上写道："斯克拉雷克三兄弟和威廉二世一样，不再结识新政党，或者说他们已经结识了所有的政客。"但是纳粹党除外，因为当时它在柏林太微不足道了。后者现在正利用这一点，在一个月后举行地方选举中，整个选举活动的焦点就是斯克拉雷克的丑闻，包括《民族观察家》和柏林党报《进攻》在内的报纸对政府进行疯狂谩骂。结果，纳粹党以5.8%的选票首次进入柏林市议会。

  媒体的力量也塑造了我们今天对魏玛共和国的印象。无论是对危机和灾难的报道，还是对大明星、小明星的报道，或者对戏剧演出和电影接受情况的报道，无论是对琐碎小事的报道，还是对恶劣的犯罪行为的报道，最重要的是保留照片。随着摄影技术的蓬勃发展，配图电报（即图像的无线传输）使诸如柏林小报《速度》等报纸的出现成为可能，在1928年至1933年，该报《今日图片》栏目每天三期刊登来自世界各地的图片。《柏林画报》在摄影新闻领域发挥了先锋作用，在20世纪20年代，它甚至发表了用新型35毫米相机拍摄的秘密照片。摄影家利奥·罗森塔尔（Leo Rosenthal）在"十月革命"后作为难民从里加来到了柏林，自1920年起在《前进报》工作，他的摄影作品使他一举成名。自1926年以来，他在法庭上秘密且非法地拍摄了至少1500张照片，其中包括斯克拉雷克兄弟在被告席上的照片、阿尔伯特·爱因斯坦在证人席上的照片，以及1931年阿道夫·希特勒在接受汉斯·里顿审讯时的照片。同时，他的同事埃里希·萨洛蒙（Erich Salomon）在世界权贵们感到无人关注时拍摄了他们。即使在今天，几乎所有关于魏玛共和国的出版物都离不

→ 1932 年 7 月的《工人画报》

开阿里斯蒂德·白里安（Aristide Briand）那些著名的镜头，如埃里希·弗雷（Erich Frey）在法庭上的坚定亮相，以及爱因斯坦与英国首相拉姆齐·麦克唐纳（Ramsay MacDonald）的热烈讨论。著名摄影师和摄影史家吉赛尔·弗洛恩德（Gisèle Freund）认为，是慕尼黑插画出版社（Münchner Illustrierte Presse）的斯蒂凡·洛兰特（Stefan Lorant）发明了图片报道——用系列图片来讲述故事。

除了报纸，海报对政治情绪和舆论的形成也有很大的影响。心理学这门尚且年轻的科学已经发现，图像、色彩和图案——也包括关键词——会触发人们的某些刺激。从某种程度上来说，这种认识是广告业诞生的前提。现在，平面设计师和广告公司不仅接受汽车制造商和百货公司的委托，也接受政党的委托，尽可能将它们的信息有效地传递给公众。其结果是公共空间充斥着正式的广告和宣传海报，特别是在选举前。魏玛共和国最著名的海报艺术家要数约翰·赫特菲尔德（John Heartfield），他与德国共产党关系密切，主要是将照片与语录组合成拼贴画，并将其刊登在《工人画报》上。该报的发行量从 1921 年创刊时的 1 万份增加到 1926 年的 20 多万份。除了他，乔治·格罗兹（George Grosz）、凯特·科尔维茨（Käthe Kollwitz）、安娜·西格斯（Anna Seghers）、库尔特·图霍尔斯基（Kurt Tucholsky）、埃里希·卡斯特纳（Erich Kästner）、乔治·萧伯纳（George Bernard Shaw）、马克西姆·高尔基（Maxim Gorki）也是《工人画板》的撰稿人。赫特菲尔德最著名的海报或许是希特勒把手举过肩膀和一个工业家正在往里面塞钞票的情形。他引用纳粹党首领的话说："数百万人在我身后。"此外，电影和戏剧海报的设计者也成了名家，例如约瑟夫·费内克（Josef Fenneker），他为电影首映式设计了许多重要的海报。

相比之下，广播仍然是次要的：第一家正式运营的德国广播电台在柏林成立，并从 1923 年 10 月 29 日起通过电波进行广播。这体现了首都的政治重要性。因为只有在这里，技术、商业和行政管理的结构紧密交织在一起，使"无线广播"的迅速建立成为可能。因此负责部分广播节目的恩斯特·路德维西·沃斯（也是"德国时刻，无线教学和娱乐协会"的负责人）利用他与沃克斯唱片和留声机股份有限公司的旧交情，在该公司的屋顶上安装了一个发射器。无线电运营本身早在主营该业务的公司成立之前就已经开始了。第一个广播乐团，即小号手和作曲家奥托·凯姆巴赫（Otto Kermbach）的十二人乐队此时还没有真正成立，但他们通过录制唱片取得了知名度。尽管早在 1924 年柏林就举办了第一届无线电展览，但在两年后，无线电塔才作为在远处可见的标志性建筑被竖立起来。广播和新的电台——尽管仍然非常昂贵——直到 1929 年才作为大众媒体被人重视。

↓阿尔伯特·爱因斯坦在第七届德国无线电展览会开幕式上讲话，1930 年 8 月 22 日

（七）抚养、教育和社会现状

真正的政教分离主义——国家和教会的分离——在当时的德国仍然不存在。法国在 20 世纪初就已经迈出了世俗化这一步，而德国的政治家们在第一次世界大战后也不敢与教会决裂。

→魏玛共和国的公民教育课，1925 年

这主要是因为天主教中央党——魏玛联盟的支持者之一，也是共和国的绝对支持者之一——维持了公共资助的教派学校，即所谓的信奉宗教的中小学。而且在公立中小学中，宗教课也是课程的一部分。但是，现在德国的学校教育第一次完全由国家监督。在 1919 年由议会谈判达成的载入宪法的"魏玛中学妥协案"中，各种政治主张涌现出来：保守派强行保留了原则上——至今仍然存在的——三级校制（小学、初级中学和高级中学），以及中学的男女分校。而社会主义者则为每个孩子赢得了普通小学义务教育和进入一切中学的条件，根据这些条件，每个学生的"资质和偏好，而不是其父母的经济、社会地位或宗教信仰，成为其入学的决定性因素"。此外，"帝国、各州和各市镇必须提供公共资金"，"特别是教育补助金"为经济困难家庭的孩子上中学提供了便利。然而，这些学生的入学选拔大多是由倾向于保守主义和精英主义的教师来完成的。建立信奉宗教的学校——也是在小学年龄段——是中央党和基督教会的要求，这一规定也适用于犹太人，或者从意识形态的角度看，适用于教育改革领域。其中最具代表性的是 1919 年以来建立的各类学校，这些学校按照意大利教育家玛丽亚·蒙台梭利（Maria Montessori）的理念进行教学，同时借鉴鲁道夫·斯坦纳（Rudolf Steiner）以人本主义概念创立的华德福中学的教学方式。通过让学生共同决定和落实儿童权利以实现学校制度民主化的进一步措施，得到大量讨论。但最终，所有这些改革想法仍然是边缘化的，只有在萨克森州，一场影响更加深远的学校改革获得工人政党的多数票赞成而得以通过。早在 1919 年 7 月，这里就实行了普遍的免学费的义务小学教育，法律禁止对学生的一切体罚，教师获得了较大的教学自由，并通过教师委员会的形式被赋予强有力的参与权；家长委员会被明确允许成立，校长的监督和决策职能受到了限制。

不过，即使在所谓的魏玛共和国黄金年代，中学毕业生的前景依然黯淡：随着裁员合理化措施的大幅增加，学徒工短缺的现象依然存在，青年失业率稳步上升。即使 1927—1928 年经济形势得到短期缓解，也无法掩盖这样一个事实：在 20 世纪 20 年代，由于战前的高出生率，进入德国劳动力市场的人比以往任何时候都多。另一个问题是，许多无产阶级青年的生活条件仍然是灾难性的，特别是在大城市。大多数中小学校医指出，年轻人的健康状况普遍较差，最多也就是在这十年的中期有所改善。这不仅仅是战争期间和战后营养不良或卫生条件恶劣所致。早在 1927 年春天，德国青年协会帝国委员会就指出，调查显示，在 14 岁到 18 岁的年轻人中，有 1/5 的人没有自己的床铺，有 1/10 的人不得不和陌生人睡在一个房间里。此外，几乎每两个两室一厅的公寓就有一个人满为患，每 3 个年轻人中就有一个每周工作 48 小时以上，每 4 个人中就有一个不能休假，每 25 人中只有一人得到 14 天的假期。请注意，这些是整个帝国范围内的平均数。相反，如果将大城市和工业中心与农村社区、村庄和农村小城镇区分开来，则会显示出对城市地区不利的巨大城乡差距。社会问题最终也被视为一个科学课题：随着 1924 年在美因河畔的法兰克福大学的社会研究所的成立，其创始人卡尔·格吕恩贝格（Carl Grünberg）将"对整个社会生活的认识和理解"——从马克思主义的角度——作为其研究和教学理念的核心。这是后来"法兰克福学派"的萌芽，这一学派包括马克斯·霍克海默（Max Horkheimer）、西奥多·W. 阿多诺

← 在柏林工业大学工业心理技术研究所，使用测量反应速度的仪器对中学毕业生的职业适应性进行检查，1927年

（Theodor W. Adorno）、尤尔根·哈贝马斯（Jürgen Habermas）等重要哲学家。

就在家门口，研究者面对的是城市中心最严重的问题之一：住房短缺。市政府试图通过提供住房来应对这一问题。然而，住房不仅要让人们负担得起，还应该保证健康的居住环境。当然，在建筑密集的内城几乎没有任何空间，但有人仍进行了最初的尝试，如1913年至1916年改革派建筑师布鲁诺·陶特（Bruno Taut）和海因里希·泰森诺（Heinrich Tessenow）在柏林—波恩斯多夫规划建造的建筑群。这些建筑因其色彩斑斓的立面设计而被称为"水彩墨盒居民区"，表明大城市的郊区可以为新建筑和居住文化提供理想场所。仅在1924年至1929年，在柏林就有五座新型的大型住宅区，这些住宅区分别由布鲁诺·陶特、马丁·瓦格纳（Martin Wagner）、汉斯·沙隆（Hans Scharoun）和沃尔特·格罗皮乌斯等重要建筑师设计建造。在2008年，这些住宅区与水彩墨水盒居民区一起被联合国教科文组织评为"世界文化遗产"。在这方面，"新法兰克福"城市发展计划制定了新标准，在来自其建筑委员会的恩斯特·梅（Ernst May）的指导下，该计划帮助这个美因河大都市增建了12000套公寓。社会住房计划是全面社会改革运动的一部分，在这场改革运动中，鉴于女性和年轻人的工作量普遍很大，家务活的合理程

↓ 根据恩斯特·梅的规划于 1927 年至 1928 年建成的住宅楼,位于法兰克福的罗马人城区的赫德海姆住宅区

序也受到重视。1926 年,维也纳建筑师玛格丽特·舒特 - 利霍茨基(Margarete Schütte-Lihotzky)为梅的建筑计划设计了"法兰克福厨房",从而开发了我们今天的装配式厨房的原型。与此同时,来自社会底层的儿童和年轻人的疾苦仍然是内城的一个严重问题——没有人不知道它。外交官兼作家哈里·格拉夫·凯斯勒(Harry Graf Kessler),有时因其左翼自由主义乃至社会主义的立场而被称为"红男爵",他在 1920 年发表的小册子《柏林的儿童地狱》中,以照片的形式记录了柏林威丁区和弗里德里希斯海因区工人家庭的生活。同时代的库尔特·图霍尔斯基(Kurt Tucholsky)在《世界舞台》[1]中对此进行了最激烈、最贴切的评论:"快乐的孩子们会死,其他的人都假装活着。"

↓ 伴着收音机声的厨房劳作,1925 年

---

[1] 一本周刊,其前身为创办于 1905 年的戏剧杂志《舞台》,1918 年改名为《世界舞台》。在魏玛共和国时期,该杂志由库尔特·图霍尔斯基担任主编,发表了关于政治、艺术和经济方面的众多文章。——译者注

↑ 在"打卡点"柜台前排队的失业者，1932 年

那时候的生活和现在一样，如果钱足够用，那就容易多了。因此，罪恶的 20 年代多少有些老生常谈，道德散漫、放荡不羁的聚会上无牵无挂的解放女性的形象仍然存在——否认这一切是完全错误的——但社会理想仍然是婚姻。除了传统的性别角色形象、盛行的道德观念、物质供给的简单需要或其他类似情况，婚姻仍然是一种前瞻性的模式。例如，历史学家玛蒂娜·凯瑟尔（Martina Kessel）发表了一篇关于一位 20 岁已婚的前纺织工人的自述文章，她在文中描述了自己在纺织工人协会中的工作和家务之间的日常生活。她最初表示，家务对她来说似乎是"小事一桩"。除了必要的协会工作补偿，她还希望有一个公共厨房，而不是像其他妻子一样独自准备丈夫的食物。令人惋惜的是，工会没有对广播节目产生更大的影响，因为很多女性和她一样，一边做家务一边听广播，但不会有"工会谈话广播"，"劳动女性通过节目思索自己的阶级地位"。最后，她提出了一个了不起的请求："如果我们把工作时间缩短到 4 小时或 6 小时，就像今天的技术和合理的经济需求所允许的那样，此外还有足够的工资，那么我们的感受就会提升：我们是人而不是劳动

的牲口！这样活跃的女性生活将会生机勃勃！"女作者没有质疑传统的角色模式——女性照顾家庭，为丈夫做饭，丈夫努力工作挣钱——而是指出了这种模式为女性在社会中提供一个机会，而这个社会占主导地位的特征，即使在经济实践中，她也无法改变。尽管女性在名义上是平等的，在理论上几乎可以从事任何职业，女大学生的数量也在稳步增加。自1918年以来，女性被允许获得大学授课的资格，自1922年以来，她们也可以在司法部门工作，特别是高素质的女性（1928年，德国已经有44名女教授）从自由立法中受益匪浅，但绝大多数女性并非如此。中产阶级在战后的生活水平低下，尤其在通货膨胀后，陷入了贫困，小公务员和雇员现在不得不和习惯了私有制的工人一样，习惯过特别节俭的生活。越来越多的已婚女性出于经济上的需要，不得不去工作，但又不能被免除家务或照顾孩子的责任。即使1923年德国人民首次庆祝了母亲节，也无济于事。毕竟，《就业服务和失业保险法》要到1927年7月才生效。虽然在1918年11月13日的革命中，市政当局已经引入强制性的失业福利，但直到1923年10月，雇主和雇员才第一次平等地分享了这些福利金。从1927年开始，失业保险由设在柏林的一个独立的帝国机构负责，该机构下设13个联邦州劳动局。虽然失业女性的情况通常与失业男性的情况完全不同，但至少该法第14条已经规定："女性应在所有机构中占有一席之地。"在任何情况下，"救济金"都低于当地一般的工资水平，但诸如婚姻状况、有劳动能力的子女人数以及生活在贫困者家庭中健在父母的资产等标准也在计算中产生影响。

失业补助金的基础是经济状况调查。而在这方面，以男性为主的公务员制度的歧视性措施也发挥了作用：早在1923年，就有法律规定，如果已婚女性公务员的丈夫能够保证其生计，可以提前六周通知她被解雇。"可以"的规定很快发展成了"必须"的规则，反正女性只能在35岁以后被任命为公务员。即使失业了，对女性的歧视仍在继续：女性得到的财政资助只有男性得到的三分之二，已婚女性通常什么也得不到，因为她们很少被归类为"需要帮助"——毕竟她们的丈夫可以为她们提供帮助。当1929年失业数字上升到顶峰时，情况变得特别糟糕：保守派就广大就业女性——特别是"额外挣钱"的已婚工作女性——问题进行了论战。许多社区拒绝给21岁以下的失业女性提供物资支持，因为她们可以和父母一起生活，或务农，或做保姆，或做管家。诚然，这纯属一厢情愿，但从歧视性做法所决定的社会现实来看，如果只是出于经济动机的话,早婚似乎是合理的、具有前瞻性的。例如,在20世纪20年代,虽然战争让约200万女性显得"富余",但婚姻数量实际上比战前增加了一倍。盖哈德·兰普雷希特(Gerhard Lamprecht)拍摄的社会批判电影《灯笼下》(1928年)给人留下了深刻的印象,该电影展示了如果女性拒绝以完全自主的方式结婚,她们会遭受多么大的痛苦。如果再加上不稳定的经济形势和宽松的性道德观念(特别是在城市中心),堕胎和离婚的数量也在增加,出生率持续下降也就不足为奇了。出生率下降一定程度上也是由于安全套的大量发放,在战争期间,安全套一直是德、法、英三国士兵的标准装备之一,为的是保护他们免受性疾病传播的侵害。如今安全套的优点让它在民间社会越来越受欢迎。女权活动家——如性改革家和宣传家海伦娜·施托克(Helene Stöcker)以及她创立的"德国生育保护和性改革联合会"——认为社会有必要与禁止合法堕胎的第218条作斗争,并为未婚母亲及其子女争取权益。而保守的女权活动家——如资产阶级主导的"德国女性协会联合会"主席盖特露德·鲍默尔(Gertrud Bäumer)——则认为这是防止出生率灾难性下降和性泛滥的最后保护措施。画家和生活改革家菲德斯(Fidus)在1925年解释说,宽松的性道德和婚姻不是相互排斥,而是相互补充的,因此不会导致

←1919年,柏林人尤里乌斯·弗洛姆研制出第一个无缝安全套,并批量生产

↓1923年12月在国际工人援助会柏林大会上的合影。左起：海伦娜·施托克、阿洛夫斯·帕克（Alfons Paquet）、列奥·克劳勃（Leo Klauber）、艾多·费门（Edo Fimmen）、威利·穆岑伯格

温父："必须让年轻人相互了解，身体上也要相互了解。因为婚姻是一种身体的结合。"恰好，发表他想法的杂志叫《未来婚姻》。荷兰妇科医生西奥多·亨德里克·范·德·韦尔德（Theodoor Hendrik van de Velde）的畅销书《完美的婚姻》更有效地宣传了性满足的、和谐的婚姻理想，该书于1926年首次以德语出版。这本书告诉无知的男人如何顺应妻子的性需求，消除她们对意外怀孕的恐惧，并在性生活中体会性的快乐与和谐。这种观念不仅让它被列入天主教会的"色情"书目，而且让它在6年内就印刷了43个版次。

（八）体育和休闲

当然，在社会现实中，体育一般而言对个人也很重要。体育锻炼不仅是教育年轻人的任务，而且是工作生活的一种平衡，特别是工会成功地在大多数集体合同中执行了固定工作时间和带薪假期。虽然没有法律规定——德国直到 1963 年才开始实行——但几乎所有工人和白领都有权享受带薪休假，通常为一年 8—12 天。此外，在恶性通货膨胀结束后，人们又有可能再次将更多的钱投入周末旅行、休闲活动和运动中。只是从 1930 年开始，受大萧条的影响，体育和休闲方式发生了根本性的变化。

↓第 27 届柏林六日赛跑在体育宫举行，1932 年 2 月

某些运动项目如拳击获得了快速普及。1920年12月6日,第一届德国拳击锦标赛在柏林举行,共分8个重量级,德意志帝国业余拳击协会在前一天才成立。一些历史悠久的体育赛事也得到快速发展,例如传奇般在体育宫举行的柏林六日赛跑。在这项比赛中,两位本地英雄理查德·胡什克(Richard Huschke)和弗朗茨·克鲁普卡特(Franz Krupkat)在1924年创造了4544.2千米的世界纪录,该纪录至今仍然有效。总体而言,1925年由奥斯卡·考夫曼(Oskar Kaufmann)重建和扩建的柏林体育宫,成为一个热爱休闲和运动的时代象征:不论是与"金发汉斯"布莱滕斯泰特、"可怕的土耳其人"萨布里·马希尔以及后来的马克斯·施梅林(Max Schmeling)合作,还是1923年举行的世界上第一次室内马术比赛,体育宫的每场比赛不仅吸引了上万名热情的观众,还吸引了许多名人。他们中的一些人,如理查德·陶伯、贝托尔特·布莱希特、雕塑家雷尼·辛特尼斯(Renée Sintenis),甚至恩里科·卡鲁索(Enrico Caruso),都经常来看比赛。其他人如在六日赛跑中用口哨吹响"体育宫华尔兹"的莱因霍尔德·哈比什,也成为这里的名人。这首由齐格弗里德·特兰拉特尔(Siegfried Translateur)创作的乐曲其实叫作《维也纳普拉特生活》,于1923年由奥托·凯姆巴赫(Otto Kermbach)推出。这首曲子在整个德国都很有名,其中一个原因就是哈比什(Habisch)的口哨声。虽然运动中名人逐渐减少,但人气更旺了。游泳由于其有益健康和极低的受伤风险,发展成为一种真正的大众现象——尽管中小学里缺少游泳课。在20世纪初,只有2%—3%的德国人会游泳,但这一比例稳步增长,部分原因是1913年成立的德国救生协会自1925年起提供了更多的游泳课程,并培训了救生员。

在团队运动中,足球作为一项大众化的运动,同时也作为一项群众性的活动,其重要性日益凸显。1920年5月,战后第一届德国足球锦标赛举行。1920年6月13日在美因河畔的法兰克福举行的决赛中,纽伦堡第一足球俱乐部以2∶0战胜了战前最后一个冠军——菲尔特俱乐部,有3.5万名观众前来观看这场比赛。当然,这样的数字与今天职业足球数十亿的生意相去甚远,但必须记住,当时足球还是一项业余运动,球员和教练在日常生活中都靠其他工作维持生计。考虑到通货膨胀是当时生活的日常,革命政变企图和国家政权的残酷应对成为当时的主流,而且旅行的机会非常有限,这些比赛令人印象深刻地让足球的重要性日益增加。战前最后一次决赛是在1914年,当时只有6000人观看。而到1924年,有8支球队在决赛中争夺德国冠军头衔,之后参加角逐的有 16 支球队。纽伦堡第一足球俱乐部最为成功，在 1920 年至 1927 年的 6 次决赛中 5 次夺冠。首都俱乐部柏林赫塔体育俱乐部在 1926 年至 1931 年以同样次数闯入决赛，但只在最后两次以德国冠军的身份站上领奖台。汉堡足球俱乐部和菲尔特足球俱乐部也获得了两个冠军，但分别只参加了 4 次和 3 次决赛。在国家社会主义者上台前的最后一个冠军是由拜仁慕尼黑足球俱乐部在 1932 年获得的，这在今天已经习以为常，但在当时是一个很大的惊喜。

然而，魏玛初期的政治裂痕也在体育界有所体现。因为在 1920 年，除了资产阶级的德国足球协会，工人体操和体育协会也首次举办了自己的锦标赛。这个于 1893 年在格拉（Gera）成立的工人体操和体育协会，到 1914 年已发展了 140 万名会员，成为世界上最大的体育组织。它对竞技体育开放，于 1926 年在莱比锡开办了自己的联邦学校，并组织培训班、联邦体育节（1922/1929）和工人奥运会（1925/1931）。最重要的是与外国体育组织的合作，这在战前就已实行，现在又恢复了，这使得工人体操和体育协会广为人知，并且非常受欢迎。该组织宣称效忠社民党，因此也对其中的共产党员会员采取了行动。因此，这些人在 1930 年开始组织起来，成立了红色体育战斗协会，到 1931 年 6 月，该组织已经有 10 多万名成员，还两次举办了德国足球锦标赛。许多社会团体都有自己的体育协会，其中最著名的是 1920 年在维尔茨堡成立的天主教会的德国青年体育协会，以及 1868 年成立的德国体操联合会，它是德国资产阶级体操俱乐部的伞式组织。在魏玛时代，后者不仅提供器械体操并举办体操比赛，还组织了自己的足球和手球锦标赛（甚至是男子和女子比赛），而且在 1928 年举行了唯一一次的橄榄球比赛。这与现代团队运动与体操严格分开的情况并不相同。1923 年 9 月 1 日，德国体操协会宣告了体操和运动项目"彻底分家"。这样做的背景是，现代竞技体育是以胜利和获得奖牌为目的，与大众体育的理念是相悖的。从这时起，德意志帝国体育委员会不再允许会员重复加入体育协会，比如不允许同时加入德国足球协会和德国体操协会。同时，体操俱乐部也希望防止足球或手球球员迁移到另一个专业协会，这也使竞技团队运动成为可能。工人体操和体育协会和红色体育战斗协会在 1933 年被纳粹党人取缔，随后德国青年体育协会在 1935 年、德国体操协会在 1936 年也被取缔。

事实证明，汽车运动的适应性要强得多，这可能也因为汽车运动最符合这种情况下的社会环境，尽管之前有第一次世界大战，但人们普遍相信技术和进步。汽车本身似乎被灌注了一种技术可行性的积极愿景。1921年9月24日，世界上第一条高速公路汽车交通和练习大道就在柏林开通。作为一条收费的赛车和试车场，它由重工业家雨果·斯汀内斯出资建成，市民光是通过一次就要被收取10个帝国马克——尽管连9千米的赛道都没有！

汽车交通和练习大道很少用于真正的汽车比赛，这里举办的比较重要的赛事有1921年9月24—25日的开幕式比赛，次年6月10日的第一场摩托车比赛和次日举行的一场约有14万名观众的汽车比赛——这两场比赛均由柏林工程师克里斯蒂安·里肯（Christian Riecken）驾驶NAG牌汽车（新汽车公司）获得冠军——以及1926年7月11日的首个德国大奖赛。在后一场比赛中，

↓ 1924年德国足球冠军——纽伦堡第一足球俱乐部，右四为传奇门将海纳·施图尔福斯（Heiner Stuhlfauth）

名不见经传的莱茵兰人鲁道夫·卡拉奇奥拉（Rudolf Caracciola）驾驶梅赛德斯－奔驰汽车领先里肯夺冠。即使在魏玛共和国鼎盛时期，对于绝大多数德国人来说，汽车依然是负担不起的奢侈品：即使在柏林，私家车连5万辆都没有，但是与汽车所点燃的热情相比，这根本不算什么。时评作者卡尔·冯·奥斯西茨基（Carl von Ossietzky）甚至在1927年的《世界舞台》杂志上说："今天，三级乙等驾驶执照的价值已经超过了政治学博士学位，几乎和过去的中尉一样值钱。"许多人对汽车的进一步发展产生了浓厚的兴趣，汽车

↑ 1926年7月，在柏林汽车交通和练习大道（AVUS）举行第一次汽车比赛——"德国大奖赛"

交通和练习大道因此成了汽车和道路建设技术革新的准公共试验场。路面、赛道结构或赛道安全方面的成就——第一届德国大奖赛以四名观众的生命为代价——与新的驱动技术一起在这里得到了检验,例如弗里茨·冯·欧宝(Fritz von Opel)在1928—1929年就在这里进行了火箭动力赛车的壮观实验,创造了汽车速度记录。而位于艾菲尔地区的纽博格林则以经典赛道自居,它于1927年启用,除了1940年至1949年因战争中断外,一直到1958年都是德国大奖赛的举办地。它全长26千米,至今仍是世界上最长的永久性赛道。卡拉奇奥拉在这里成为常胜冠军,在纳粹上台前又获得了三个冠军(1928年、1931年和1932年),成为最成功的欧洲赛车手。

许多流行的运动——无论是拳击、足球还是赛车——仍然是男性的领域,女性甚至被完全禁止参加。然而,没有人能够禁止女性探索技术上的极限:工业巨头的女儿克莱诺尔·斯汀内斯(Clärenore Stinnes),在1927年至1929年,成为第一个驾驶汽车环游世界的人。尽管过程困难重重,她还

→驾驶舱中的玛加·冯·埃茨多夫,1930年

是和她的摄影师及后来的丈夫瑞典人卡尔·阿历克斯·苏德施特姆（Carl-Axel Söderström）在一辆阿德勒（Adler）汽车里完成了这一壮举。而当美国人查尔斯·林德伯格在 1927 年完成了横跨大西洋的壮观飞行时，德国女性也在为飞机技术和航空业的进一步发展作贡献。例如，女裁缝兼热气球飞行先驱凯特·保卢斯（Käthe Paulus）发明了包裹式降落伞，从 1916 年起，她就在她的柏林公寓里向德国军方提供这种降落伞，这种降落伞至今仍在使用。她成了著名女飞行员们的榜样，如后来的艾丽·白霍恩（Elly Beinhorn）或汉娜·雷驰（Hanna Reitsch），她们在更现代的动力飞行中完成了壮举。魏玛共和国在其鼎盛时期取得的进步，可以从一个既令人印象深刻又充满悲剧色彩的例子中看出：1928 年，玛加·冯·埃茨多夫（Marga von Etzdorf）成为德国汉莎航空第一位担任副驾驶的女性商业飞行员，她于 1933 年自杀，而直到 1988 年，才有另一位女性飞行员坐在汉莎航空客机的驾驶舱里。

魏玛共和国：1918—1933 年的德国政治、文化与社会

→德国民主党的选举海报

第四章
1930—1931：
宪政理念的终结

（一）大萧条和大规模失业

1929 年 10 月 24 日星期四，位于华尔街的纽约证券交易所关闭了：这几天来，投资者一直难以置信地看着道琼斯股价指数下跌普遍感到恐慌，于是大量抛售股票，从而导致股价暴跌。"黑色星期五"——在德国，由于时差的关系，这个消息最终在第二天才被人知道——是所谓经济繁荣期结束的信号。几乎没有人预见危机的到来，尽管自 20 世纪 20 年代中期以来，危机的迹象一再出现。在德国，这方面有几个因素共同作用：许多银行和企业集团在 1923 年的恶性通货膨胀中损失了大部分股权，但在随后的几年中没有补充资金。相反，他们用外资为自己的企业融资，因为 1924—1925 年，来自美国的贷款非常充足，特别是银行认为几乎没有必要增加自有资本。然而，从 1927 年开始，这些贷款往往是短期的：债权人投机取巧，赚取快速利润，因此借出的钱必须很快就偿还。从 1928 年起，情况逐渐恶化，因为许多美国投资者认为在国内投机利润会更高，因此开始从德国撤资。与此同时，德国经济停滞不前，越来越多的企业破产。然后是"黑色星期五":由于大量的投机行为,不断上涨的股价已经完全不能反映企业的实际经济状况,这印证了证券交易所表达出来的预期,当泡沫破灭后,众多投资者恐慌地抛售股票,股价在接下来的周二暴跌至低谷。结果,海外信贷枯竭了,危机波及了整个欧洲,因为美国资本一直是欧洲经济的主引擎。德国政府也依赖这些贷款——尤其是为自1928年以来不断增加的失业人口提供支持和支付赔偿金。一个恶性循环开始了:失业率上升,同时国家预算没有足够的钱来应对由此产生的费用。同时,外国的债券也被收回,这也是很多公司濒临破产的原因,并且大规模的裁员也造成了进一步的失业。

不满情绪愈演愈烈,人们再次将所有问题归咎于"制度":共和国。在1930年的国会选举中,激进的右翼纳粹党以压倒性的票数获胜:18.3%的选民——与1928年选举中的2.6%相比——选择了阿道夫·希特勒。这又使外国感到不安,因此,外国不仅没有给新的贷款,而且还从德国撤回了近10亿马克。这使情况进一步恶化:1929年1月有180万人失业,一年后有280万,1931年有近500万,1932年1月——在危机最严重时——有620万。1928年至1932年,失业率从7%增长到30.8%。海因里希·布吕宁总理领导的政府很晚才意识到,大约在1931年年中,他们正在处理的一场经济危机,其严重程度远远超过了任何过去已知的激化情况。然而,并不是只有内阁低估了形势,几乎所有经济学家都低估了形势,而且还在继续低估。银行或证券交易所的监管机构具有一套相对成熟的国际金融交易或投机交易的规则,但在应对横跨西方世界的全球化金融经济方面的经验同样不足。总理布吕宁看到了解决危机的办法,即大幅限制国家财政支出,同时降低工资和物价。然而,这些措施并未奏效——至于它们是否加剧了危机,还不确定。

那么布吕宁有其他选择吗?他本可以扩大国家财政开支来刺激经济,但要做到这一点,帝国银行将不得不再次增加货币流通量,因为当时几乎没有任何外国信贷了。然而,这只会引起通货膨胀,就像1923年那样。货币贬值的幽灵游荡着,与之伴行的是德国人对他们将再次失去全部积蓄的恐惧。被刺激的储户在通货膨胀创伤的影响下,集体冲进银行提款。他们如果对经济背景更感兴趣,就会意识到,他们只会剥夺银行的额外资本,加剧现在的通货紧缩。从1931年年中开始,

↓大萧条期间在柏林找工作的女性,1930年

后通货膨胀时期的所有错误一下子就显现出来了。相对于所投入的外资，银行的自有资本显然过低，以至于后者的损失根本无从弥补。因此，当最大部分的外资——贷款——枯竭时，银行就会变得几乎没有流动性。同时，通过出售信贷机构在各公司拥有的巨额股份来恢复偿付能力几乎是不可能的。毕竟这些公司本身就处于困境之中，它们的股价下跌明显。最后一点外资都被想拯救存款的储户从银行取出来了，这也是因为政府没有能力，并且——更严重的是——不愿意将经济背景告知民众。因此，很快有几家银行因为缺乏资本而倒闭了。5 月底，首先受到冲击的是中欧最大的银行——维也纳的奥地利信贷银行。7 月 12 日，德国最大的银行达姆施塔特国民银行（达纳特）紧随其后——其大额贷款之和超过其自有资本的 20 倍以上。它受位于德尔门霍斯特（Delmenhorst）的北部羊毛股份有限公司牵连而强制破产，该公司出现了过高的亏损，因此无力偿还 4800 万马克的贷款，而达纳特银行因为自有资本不足，无法对其违约进行赔偿。帝国总理布吕宁以不善于沟通著称，以国家专制的方式做了必要的事：根据紧急法令，政府接管了对达纳特所有存款的全部担保，同时下令对这个信贷机构进行清算。其他银行希望限制达纳

↑ 1931 年 7 月 13 日，达姆施塔特国民银行倒闭后，大量储户涌向柏林市立储蓄银行

特的措施能够使金融市场以及储户平静下来，但第二天他们被告知情况并非如此。

客户们冲进银行取了款，这也让德累斯顿银行无力支撑。在新的紧急法令下，布吕宁在 7 月 14—15 日命令关闭了所有银行，在这个月剩下的时间里，只能发放工资、社会福利和缴税。虽然这避免了整个银行系统的崩溃，但却让大部分人觉得更加不确定。政府调拨帝国银行的货币储备进行协助，下令强行合并德累斯顿银行和达纳特银行：德累斯顿银行和达纳特银行 91% 的股份，德国商业银行（被强行与巴梅尔银行合并）70% 的股份，以及德意志银行和迪斯康托公司 30% 的股份从此成为国有资产。直到 1933 年，各大银行才重新被私有化。但是，银行拯救计划还包括对储蓄银行的改组。直到 8 月初，支付交易才重新完全开放，但德国并没有放弃金本位制——以黄金储备为货币，从英国（1931 年）开始，最后包括美国在内的约 30 个国家（1933 年）都放弃了金本位制，因为金本位制是对抗通货紧缩和信贷紧缩的主要障碍之一——不过从 1931 年开始，帝国马克不再是可兑换货币，因此不能再在金融市场上自由交易。

（二）人民的声音，第 48 条和总统内阁

  1930 年 3 月 27 日，以议会多数制为基础的魏玛共和国最后一届政府垮台。这个由社民党总理赫尔曼·米勒领导的"大联盟"同时也是魏玛共和国任期最长的政府，共计 636 天。其失败的原因，一方面是社民党与德国人民党在失业保险缴费金额上发生了完全不必要的争执，另一方面是帝国总统兴登堡致力于建立一个依附于他的保守派内阁。据德国国家人民党政治家库诺·格拉夫·威斯特拉普（Kuno Graf Westarp）转述，这位年迈的战时元帅可称之为是"反议会"和"反马克思主义"的。仅仅两天后，第一届总统内阁——一个相对独立于帝国议会、只对总统负责的政府——准备就绪，除了社民党的代表，基本上其他政治家和以前一样。兴登堡的总理是中央党的海因里希·布吕宁。德国国家元首由他的顾问团推动，这是一个没有议会授权、主要在公众控制之外的圈子，其中总统的儿子奥斯卡·冯·兴登堡、总统办公室国务秘书奥托·梅斯纳（Otto Meißner），尤其是"办公桌将军"库尔特·冯·施莱彻（Kurt von Schleicher）出了风头。后者虽然没有打过仗，但作为政治战略家，他成为魏玛防卫军和政府不可或缺的一员。他参与了布吕宁和后来的弗朗茨·冯·巴本（Franz von Papen）的任命和罢免，在 1932 年底权力被移交给纳粹党人之前，他成为最后一位总理，而纳粹党人在 1934 年的"长刀之夜"暗杀了他。然而，在 1930 年 7 月，法治世界仍然有序，以至于帝国议会按照宪法规定废除了总理发布的紧急法令。于是，兴登堡解散了议会，从而在 1930 年 9 月再次举行了选举。社民党是上次最强大的政党，但本次得票率只有 24.5%，而且魏玛联盟的各党派不能——或者说不愿——就结盟达成协议。但大家都清楚，在新选举中，会有更多的选民投票给反宪政的政党，因为纳粹党和德国共产党在这次选举中已经获得了近三分之一的选票，而且两者与同样反民主的基督教全国农民乡村人民党（德国国家人民党的一个分支）一起，是仅有的几个选票增加的政党。恰恰是纳粹党票数增加 15.7 个百分点的巨大增幅，让外国贷款人不安，导致资本大规模外逃，进一步加剧了经济危机。尽管帝国总统千方百计地安抚说，右翼政变并非迫在眉睫，但掠夺成性

魏玛共和国：1918—1933年的德国政治、文化与社会

的纳粹党人为了庆祝选举胜利，在反犹狂潮中打碎了柏林莱比锡广场维尔特海姆百货商店的橱窗，这并不能让人产生多少信心。就在几个小时前，纳粹党的议员们穿棕色党服一起参加了帝国议会的开幕式，故意违反普鲁士的制服禁令，然而，由于他们拥有议员豁免权，这没有造成任何后果。

在这种情况下，真正的民主是没有机会的，尤其是选民们已经证明他们对民主不再有兴趣。无论如何，他们对议会制没有兴趣了，他们希望通过全民公决的方式来执行民众的决定，从而使法律即使在国会中没有获得多数票也有可能通过。这种方式越来越受欢迎，特别是在议会制的反对者中。在1926年，保守党让征用侯爵财产的公投失败，而三年后，正是他们自己让人民投票反对"杨计划"。德国国家人民党领导人阿尔弗雷德·休格伯格和他的战友海因里希·克拉斯（Heinrich Claß）——一个臭名昭著的反犹主义者——自1908年以来一直担任泛德协会的主席。弗朗茨·塞尔特（Franz Seldte）、钢盔党的希奥多·杜埃斯特贝格（Theodor Duesterberg）、吕迪格·格

↓ 帝国总统保罗·冯·兴登堡和他的儿子奥斯卡（右）在魏玛防卫军演习期间，1930年

拉夫·冯·德·戈尔茨（Rüdiger Graf von der Goltz，他是一名将军，曾是卡普政变分子，如今是德意志联合祖国协会的主席），帝国联邦主席马丁·席勒（Martin Schiele）及其战友卡尔·赫普（Karl Hepp）与阿道夫·希特勒一起发起了"反对德国人民被奴役的自由法案"的公投请愿，以推翻米勒政府与前战时敌人就赔偿数额和条件达成的协议。然而，"民族反对派"的意图远不止阻止"杨计划"。发起者们主张"反对发动战争罪的谎言"，支持废除《凡尔赛条约》中的相关条款，反对承担赔偿义务，因为这本身就是违宪的。他们还指责政府成员叛国：根据他们的法律草案，如果继续执行之前的德国外交政策，应被处以至少两年监禁。1929年10月，有资格投票的人中仅有多于10%一点点的人表示赞成，因此非常勉强地达到了公投所需的法定最低人数。虽然国会多数派在11月底否决了该法案，但无法阻止全民公决的启动。然而，这次公投最终失败了。1929年12月22日，94.5%的人投票赞成《自由法案》，但投票率连15%都不到，而这本需要经过所有有资格投票的人的绝对多数赞成检查通过。然而，这并不能说明公民投票的政治意义：保守的右派，即德国国家人民党、德国人民党的大部分成员第一次与纳粹党达成了共识。他们发起的宣传运动是魏玛共和国规模最大的政治运动之一，政府与其他民主势力一起，也斥巨资进行了广告宣传，并从国家预算中支出了约50万马克。

宪政理念的终结，与其说是由于这次公民投票，不如说是由于对民主主义议会的破坏，而这种破坏已经是宪法本身所固有的。这里所说的是魏玛宪法第48条，该条授予帝国总统在紧急状态下广泛的政府权力。在这种情况下颁布的紧急法令——这个概念本身甚至没有出现在条款中——是未经国会正常程序而通过的法律。为了快速避免紧急情况的发生，帝国政府可以向国家元首提交一份立法提案，并由元首签署。这意味着政府不再需要议会的多数票来执行其计划，而只需要总统的信任以及签字。一旦危机得到解决，紧急法令就自动终止。理论也是如此，因为从来没有界定过总统应该拥有哪些例外权力，也没有界定过哪些危机正好满足"在德意志国的公共安全和秩序受到严重干扰或威胁"的条件。它只规定了帝国总统可以在紧急状态下"以武力介入"，并暂停7项明确规定的基本权利（人身自由，住宅不受侵犯，邮政、电报和电话保密，言论和集会自由，成立协会和社团，私有财产受到保护等权利）。此外，他必须立即通知帝国议会，而帝国议会又可以多数票推翻任何紧急法令。因此，第48条的执行并不取决于法律定义，而是取

↑ 反对通过"杨计划"的全民公决帝国委员会主席团在柏林体育宫的集会上。左起：德国国家人民党领导人阿尔弗雷德·休格伯格、柏林钢盔集团领导人弗朗茨·冯·斯特法尼、钢盔创始人和领导人弗朗茨·塞尔特，1929年9月24日

决于不同时机的治理实践。弗里德里希·艾伯特就颁布过紧急法令，例如在1923年希特勒发动政变后，当时艾伯特将行政权移交给陆军司令部总司令汉斯·冯·塞克特，后者除其他事项外，还下令在整个帝国范围内禁止纳粹党，1925年2月，还没收了该党的资产。在这种情况下，政党禁令还影响到了同时相当有经验的反革命分子鲁登道夫的德国人民自由党，以及汉堡起义后的德国共产党。当然，这些都是临时措施。但自从第一任总理布吕宁于1930年仅凭帝国总统的任命，而不是凭帝国议会的多数票上任以来，第48条的执行就确立了其作为一种永久性立法工具的地位。虽然它缺乏实际规定又符合宪法，但是它与由总统任命总理一样，是对议会制的一种突破。然而，帝国议会对此却几乎没有任何反对意见，因为政党分裂及同样艰难和紧张的多

数票条件，意味着只有少数决定可以在议会中获得通过。例如 1931 年，帝国议会通过了 34 项法律，但与此同时，兴登堡签署了 44 项紧急法令。这些紧急法令又可以由帝国议会以多数票来阻止，但只有在议会开会时才能被阻止。为了避免这种情况，帝国总统有权解散帝国议会，这意味着最迟从 1932 年开始，宪政理念就已被破坏殆尽。

↓ 德国国会大厦的议会大厅，1924 年

（三）贫困、苦难、饥饿和自杀

即使在魏玛共和国的全盛时期，有两次危机表明，所谓的上扬势头可能只是短暂的。其中较小的一次危机是剧院危机，但对国民经济的意义不大。从1927年开始，剧场观众数量停滞，同时节目制作成本倍增。出现危机的原因之一是，自20世纪20年代中期起，戏剧开始失去了其作为大众媒介的娱乐功能。与一般人认为的，只有老百姓才能在这些媒体上找到文化归属的看法相反，电影和紧随其后的广播事业欣欣向荣，同时得到了对戏剧有兴趣的资产阶级的支持。在广播方面，资产阶级更是资助者，因为普通百姓根本买不起昂贵的收音机和每月两马克的高昂广播费。此外，资产阶级社会原则上在1918年以前一直是靠自己的力量来支持剧院的发展的，但在第一次世界大战和随后不久的通货膨胀中，资产阶级社会遭受了巨大的经济损失。因此，主要观众进入剧院的次数少了，新的社会阶层也没有出现——既没有贵族观众，也没有平民观众。人们收入停滞不前，但与此同时企业生产成本增加——主要是由于人力成本上升。虽然国家向国营剧院提供了慷慨的补贴，但对私人经营的剧院征收15%的娱乐税，外加2%的销售税。因此，私营剧场在税收上与酒吧和夜总会相同。尽管在1925年税率被降低到10%，但国营剧院和私营剧院的不平等待遇，是剧院危机给后者带来影响的主要原因：1928年至1929年全国91家私营剧院中，只有54家在三年后还存在。演员和舞台工作人员也受到了影响，越来越多的剧院导演也受到了影响。诚然就全部人口而言，这只是一个非常小的群体，但这预示着不久之后更广泛的人群将被影响。或者用柏林戏剧导演维克多·巴诺夫斯基（Viktor Barnowsky）的话说："我不能和饥饿的演员一起演戏。"此后不久，饥饿的人就不只有演员了。

在经济和社会方面，农业危机远比剧院危机产生的影响严重。从1925年至1926年，德国试图通过对国内农民的补贴、对外国产品的惩罚性关税和慷慨的税收政策来对抗世界范围内的农产品价格下跌。尤其在东普鲁士邦，自1871年以来，该省已受到农村人口流失的严重影响，而到20世纪20年代，这个问题更加严重：基于《凡尔赛条约》建立的波兰走廊切断了东普鲁士与帝国其他地区的联系，这个人口稀少的地区也出现了供给短缺问题。由于波兰和苏联致力于自给自足，德国农产品的东部市场崩溃，生产方式落后、农村人口流失，以及矿物油、煤炭、机械等急需物资的运输成本增加，越来越多的农业企业破产，这使那里和西边毗邻波兰走廊的波森—西普鲁士边境地区大部分人口陷入了贫困。早在 1922 年，东普鲁士总统恩斯特·西尔（Ernst Siehr）——他是民主党的创始人之一，在卡普政变后上任，因为他的社会民主派前任站在政变分子一边——顺利推动"东普鲁士计划"，这是当地第一个针对当地农业的国家经济刺激计划。然而，这只是轻微地改善了情况，因此，在 1926 年东普鲁士邦和帝国政府成立了"边境援助总部"——后来被称为"东援"——其目标是重组和减免东普鲁士、波美拉尼亚、波森—西普鲁士边境地区以及勃兰登堡和西里西亚等地部分庞大庄园的债务。然而利息负担继续增加，同时黑麦和土豆的价格从 1927 年开始下降——农场当然对此无能为力。尽管有那么多的农业浪漫主义，但这样的事实不容忽视：如果不改变种植和生产方式，他们中的大多数人根本无法盈利。然而，另一个问题是如何处理这种根本性的结构性问题，因为易北河东容克们的政治影响力——特别是通过帝国总统兴登堡所发挥的——非常大。1929 年，米勒政府通过了一项《东普鲁士法》，该法律无视这些问题，试图通过定居贷款、续贷利息补贴和首次政府采购担保的方式在那里确保农业生产。1930 年 6 月——此时布吕宁已担任帝国总理——整件事情通过总统紧急法令得到了加强。布吕宁政府还在次年 3 月底出台了一项《东援法》，不仅将东普鲁士包括在内，而且将易北河东部所有的农业都纳入了这项支持计划，旨在帮助那里的农业企业获得债务减免。负责"东援"的帝国专员是基督教全国农民乡村人民党帝国议会议员汉斯·施兰格—施宁根（Hans Schlange-Schöningen），他本人出身于波美拉尼亚的一个庄园，后来推动了在巴西安置德国农民的计划。这一计划催生了今天仍然存在的罗兰迪亚市，该市从 1933 年起为逃亡的犹太人提供保护，1945 年后也为一些逃亡的纳粹分子提供保护。虽然基督教全国农民乡村人民党只有 19 名代表，但考虑到帝国议会中的多数席位不确定，该党对布吕宁政府很重要。在这种背景下，布吕宁终于在 5 月底更进一步，将法定的"东援"支持计划与在破产大地主的庄园和土地上安置新农民相结合，也就理所当然了。对"农业布尔什维克主义"的指责不久就来了。像冯·施莱彻将军这样的政治阴谋家立即感觉到了他们有机会向年迈的帝国总统描绘共产主义正在威胁他的祖国。虽然这很荒唐（实际上，对共产主义持质疑态度的总理布吕宁在政治上做到了最好），但对于担心自己仕途的兴登堡的朋友们而言，很轻松地说就说服了总统推翻了布吕宁。

然而，受苦的不仅仅是农村。经济危机、公司破产、荒凉的社会状况——由于人口涌入大城市而加剧——影响了整个德国。在城市中心，因欠租而被驱逐的人不得不在社区农圃居民区或露营地寻找住所。柏林大穆格湖的帐篷居住区库乐·瓦姆皮（Kuhle Wampe）变得非常有名，1931 年导演史拉坦·杜多（Slatan Dudow）在这里拍摄了一部电影《库乐·瓦姆皮，抑或世界在谁手中？》。这部混合了故事片、纪录片和无产阶级宣传片的影片于 1932 年 5 月举行了首映（首先在莫斯科，然后在柏林）。像其他作品一样，这部电影展示了在经济危机面前社会苦难的实际意义。除了最重要的社会批判导演之一、保加利亚导演杜多和在编剧中起主要作用的剧作家贝托尔特·布莱希特，当时著名的共产主义电影人还有作曲家汉斯·艾斯勒（Hanns Eisler），女演员赫塔·蒂勒（Hertha Thiele）和玛塔·沃尔特（Marta Wolter），被称为"路障雄鸽"的歌手恩斯特·布希（Ernst Busch），盖拉德·比内特（Gerhard Bienert），阿多夫·费希（Adolf Fischer），来自诺伦多夫广场前卫剧院的丽莉·肖恩伯恩（Lilli Schoenborn），以及后来成为电影明星的埃尔文·格肖内克（Erwin Geschonneck）。电影《库

→德国总理海因里希·布吕宁，1931 年

乐·瓦姆皮》由共产主义媒体大亨威利·穆岑伯格拥有的普罗米修斯电影公司制作，该公司在拍摄结束前不久破产了。此后不久，这部电影就被普鲁士以及帝国其他地区的电影审查部门禁映。在布莱希特看来，审查部门最清楚原因所在。柏林电影审查部门得出的结论是："在对当前情况进行必要的考虑后，电影带来的总体印象和整体效果很可能会危及公共安全和秩序，危及国家重大利益。"据说，这部电影之所以被禁止，是因为开头一个年轻工人自杀了，"在当下整体形势中显得典型"，会被观众归结为"缺乏国家关怀"。此外，该片还呼吁大家去集体阻止警察和法警的行动，以规避堕胎禁令。最后一幕指出，"不能指望目前的国家及其代表能有效地帮助解决贫困和克服苦难"。电影制片人"从共产主义世界革命的意义"提出消除民主国家秩序作为解决之道，是导致禁令的另一个原因。不过，他们把自杀和缺乏国家援助描绘成那个时代的典型现象，这并没有错：1932 年，在每 100 万居民中，英国有 85 人，美国有 133 人，法国有 155 人，德国有 260 人选择自杀——这是迄今为止最高的世界纪录。1929 年由导演皮尔·尤兹（Piel Jutzi）制作的故事片《母亲克劳森升天记！》与《库乐·瓦姆皮》一样，可以被归入左翼资产阶级的范畴，其女主人公也是因绝望而自杀的。几乎所有的日报都有人因经济困难而自杀的特别报道。

←《母亲克劳森升天记！》的电影海报，1929 年

（四）新媒体，旧丑闻

现在，家庭主妇、失业工人、没有当学徒的年轻人或贫穷的寡妇都没有代表他们利益的杰出代表。这与德国东部的大农户形成了鲜明对比。他们最好的议院外的说客其实是国家元首本人。兴登堡努力确保他传统主义的朋友们——俗称"易北河东容克们"——既不必担心他们的农业生产方式迟迟不能实现现代化，又不用担心近乎封建的雇佣关系和依附关系被废除：因为"东援"不是一个结构性资金支持方案，对负债累累的大地主庄园进行多年的财政支持，对个别庄园和农场的补贴绝对是一个无底洞。换句话说，这些濒临倒闭的农场及其所有者都得到了国家补贴，因为易北河东容克们从根本上拒绝对其生产进行合理化改造。东普鲁士约翰尼斯堡区行政长官赫伯特·齐默（Herbert Ziemer）从他作为行政官员的实际经验中知道，通过"东援"对个别企业提供的财政支持实际上招致了滥用。据齐默说，对于行政部门来说，公平"几乎是不可能的"，因为"不值得的人也混入了被照顾的行列"。1931年6月，一份关于兴登堡干涉这些事务的机密报告对波美拉尼亚的"东援"专员和德国国家人民党政治家约翰·乔治·冯·德维茨（Johann Georg von Dewitz）的腐败行为提出了指控。这位前军官和帝国议会议员曾给予他和兴登堡的一些亲属极为慷慨的支持。兴登堡——甚至还有布吕宁——是否介入了对波美拉尼亚土地联盟创始人的纪律处分程序，这一点无法得到确切的证明，但鉴于兴登堡在"东援"丑闻中有更深度的参与，这一点并不重要。兴登堡哥哥的遗孀莉娜·冯·兴登堡（Lina von Hindenburg）由于债务过多，在1927年不得不放弃了兴登堡家族自1755年起拥有的新德克庄园。然而，埃拉德·奥登堡-雅努肖（Elard von Oldenburg-Januschau）设法阻止庄园被卖给第三方。作为兴登堡顾问团中颇具影响力的成员和庄园的邻居，埃拉德处理起来得心应手，他在德意志帝国工业协会和帝国农业联盟的成员中分发了募捐袋，就募集到买下庄园的资金，并在1927年10月2日送给自己的朋友——时值八十大寿的国家元首。购买庄园应缴纳的赠与税从未被支付。为了不缴纳遗产税，新德克庄园在1932年被过户给了总统儿子奥斯卡。在农村精英们所谓的理想世界里,"说自家坏话"的角色落到了埃里希·鲁登道夫身上,他也出生在东埃尔比亚的一个骑士庄园里。但作为资产阶级的一员,他在那里始终是陌生人:他父亲不知什么时候卖掉了房产,成为了一名保险职员;而他弟弟汉斯则把自己完全交给了现代城市主义,成为一名著名的天体物理学家、爱因斯坦基金会董事会成员,并从 1921 年起成为波茨坦天体物理观测站站长。无论如何,自认反民主人士的鲁登道夫公开了新德克庄园融资的违规行为,并指责兴登堡受了"某些圈子"的影响。来自埃拉德的一封公开信刊登在《十字报》上,随后引发了一场关于"东援"的大辩论。这些辩论导致了 1933 年 1 月中央党的一项动议,根据该动议,帝国议会预算委员会除其他事项外,要澄清:"第一,哪些地区进行了改组;第二,哪些资金一方面流向大地主,另一方面流向东援中的中小农场。"该议案获得通过,但德国国家人民党投了弃权票。1933 年 1 月,约瑟夫·埃辛(Joseph Ersing)揭露了"东援"滥用公款的情况,使这一丑闻的所有细节都一览无遗。在帝国议会的预算委员会会议上,这位中央党政治家谈到了"购买豪车和赛马","去里维埃拉旅行","大地主圈子为了使议会谈判无法进一步进行"而做出的努力。兴登堡卷入了丑闻,他的亲信——埃拉德和奥斯卡·冯·兴登堡亦然。德国总理库尔特·冯·施莱彻对他任命希特勒为帝国总理的决定产生了决定性的影响,这不是毫无道理的。

↓ 东普鲁士新德克庄园的主屋

↑ 位于波茨坦特利格拉芬堡的天文台——爱因斯坦塔，这是1919年至1922年按照建筑师埃里希·门德尔松（Erich Mendelsohn）的设计建造的

无论如何，"东援"都是资金的坟墓：早在1928年，就有超过1.2亿马克流入了当时的东普鲁士援助总部，其中约4000万用于减免房屋利息和不动产税，以及偿付运费。然而，大部分的款项——即8000万马克——主要是给了大公司，即使它们的债务负担已经非常沉重，无法进行重组。1929年又增加了1.74亿马克，1930年增加了3亿马克，而据1931年的《东援法》计算，之后5年还需要增加8.5亿马克。但是，世界上多少资金都无法拯救容克贵族，因为不仅他们的经济手段（兴登堡对此毫不关心）非常落后，而且帝国总统无条件坚持的基本社会模式、思维方式和阶级自负也早已过时。农村人口外流——这个问题在魏玛时代变得比工业化时代更为严重——的原因不仅在于大城市的吸引力，而且在于久存的大规模农业世界的落后。

城乡差距还体现在，"东援"等严重的农村问题在新兴的媒体上根本没有得到任何关注：无论是在舞曲或综艺名曲中，还是在日益流行的歌剧、有声电影和社会批判戏剧中，它们都没有一席之地。新兴媒体只关心都市问题。《我的兄弟在有声电影中发声》是1930年至1931年最受欢迎的热门歌曲之一，由两位奥地利人弗雷德·雷蒙德（Fred Raymond）和路易吉·贝瑙尔（Luigi Bernauer）作曲。前者也是《我把我的心遗失在了海德堡》（1926年）的作者。这首歌由查尔斯·安培格（Charles Amberg）作词，他还写了《周末与阳光》等。此处新兴媒体的自我指向特征十分醒目，无论农村丑闻多么庞大，都无法被其关注。

1930—1931：宪政理念的终结 | 第四章 151

↑德国总统保罗·冯·兴登堡在他的肖像画面前

（五）纳粹分子和哈尔茨堡阵线的崛起

到了 1931 年，在许多德国人眼里，民主和议会制已经走到了尽头：总理海因里希·布吕宁没有在议会中获得多数，而是完全依靠年迈的帝国总统的权威来执政。虽然这与魏玛宪法并不矛盾，但与议会民主制没有什么关系。随着大萧条的影响和国内贫困的日益严重，德国人对一个元首的呼声越来越高。德国约有 500 万名失业者，布吕宁的经济政策措施没有改善民众的状况。在这种背景下，共和国的右翼反对派成功地克服了内部的分歧，结成一个"哈尔茨堡阵线联盟"以推翻布吕宁。1931 年 10 月 11 日，一切可以动员的共和国右翼成员在宁静的巴德哈尔茨堡镇碰面了：除了已经进入不伦瑞克自由州政府的激进纳粹党和反动的德国国家人民党（该党领袖休格伯格曾邀请他们参加这次会议），"钢盔党"、前线士兵联盟、莱茵兰联盟也加入了这个联盟。与他们一起的还有贵族和商界知名人士，如普鲁士的奥古斯特·威廉（August Wilhelm von Preußen）。他是前德皇的儿子，也是"钢盔党"的成员，自 1930 年以来一直是纳粹党的成员。最令人惊讶的是前帝国银行行长黑尔玛·施拉赫特（Hjalmar Schacht）也参加了。唯一的大工业代表是多特蒙德工业经理恩斯特·布兰迪（Ernst Brandi），他是联合钢铁股份有限公司董事会成员、威斯特法伦工业俱乐部主席和德国人

→纳粹党的支持者们在巴德哈尔茨堡镇的全国协会游行中，1931 年 10 月 11 日

民党成员。加入他们的还有一些老将军，如 1920 年卡普政变后在公众面前消失的瓦尔特·冯·吕特维茨（Walther von Lüttwitz）以及在 1926 年前一直担任陆军司令部总司令的汉斯·冯·塞克特——他从 1930 年起作为德国人民党成员进入了帝国议会。塞克特是在场为数不多曾身居要职，却从未通过积极参与政变图谋或其他暴力行动来反对共和国的人之一。不过，他也是那些对维护共和国没有兴趣的人之一。现在他看到改变制度的机会已经到来。在幕后，阿道夫·希特勒和阿尔弗雷德·休格伯格都声称领导权有激烈的争议。他们的目的各不相同：纳粹党公开争取独裁，德国国家人民党和"钢盔党"主张恢复君主制，许多爱国协会对一个专制等级制国家的想法模糊。这些在 1922 年被乔治·格罗兹（George Grosz）的一幅漫画较好地描绘了出来，上面画的是一个舔着靴子的君主主义者，帝国勋章雨点般地落在他身上，并加上了德国国家人民党帝国议会议员卡尔·赫尔弗里希（Karl Helfferich）的一句话："德意志帝国是我们对未来的渴望。"然而在外界看来，哈尔茨堡阵线更像是一个反政府的内部战斗联盟。所有的参与者都持反犹、排外的态度，强烈拒绝民主，这一点他们保持一致。

  1930 年 9 月帝国议会选举后，纳粹党作为联盟伙伴，变得不可或缺了——它获得了 18.3% 的选票，而德国国家人民党只有 7%。以前，右翼反动阵营也不想与政治乌合之众和纳粹党暴徒们有任何关系，但现在它需要他们，因为他们有相当一部分人站在右翼这边。纳粹党从一个分裂的党派崛起为一个群众性党派，受到了新伙伴们的嫉妒。1919 年 2 月 24 日，德国工人党在慕尼黑一间啤酒屋伴着啤酒味成立，次年 1 月 5 日改名为德国国家社会主义工人党，它早期的成功主要是靠它的"鼓手"阿道夫·希特勒的鼓动。希特勒先是成为宣传部部长，1921 年又成为党魁。早在改名那天——在他入党仅几个月后——希特勒就在约 2000 人面前宣布了《二十五点纲领》，这将一直是纳粹党的唯一党纲。虽然其中没有任何其他的反共和反犹分子不会签署的内容，但纳粹党——与慕尼黑和巴伐利亚的众多类似政党相比——成功地在它周围聚集了一群支持者。1920 年纳粹党收购了慕尼黑报纸《民族观察家》，该报的发行量大幅增加，从 1923 年起改为日报发行，这大大扩大了纳粹党在该地区的宣传。当希特勒在 1921 年成为党首时，他授予了自己独裁权，这样他就可以在党内无异议的情况下推行他激进的反议会和反犹路线。在巴伐利亚州，纳粹党在 1923 年成为最强大的右翼极端主义势力，到 1923 年 1 月底

↑ 弗朗茨·普费弗·冯·萨洛蒙、阿道夫·希特勒、格雷格尔·施特拉塞、鲁道夫·赫斯和海因里希·希姆莱（右起）在纽伦堡举行的纳粹党全国党代会上，1927年8月

在慕尼黑召开第一次"帝国党代表大会"时，已有约两万名党员，并通过集会收取入党费充实了该党的收入——在希特勒作为发言人的帮助下。然而在巴伐利亚以外的地区，纳粹党并不为人所知甚至被禁，例如自1922年以来，在巴登和图林根，由于拉特瑙被暗杀而颁布了《共和国保护法》，在不伦瑞克、汉堡、普鲁士和梅克伦堡-什未林也是如此。只有1923年对鲁尔区的占领和《"英雄"施拉格特》这部戏的上演，才使该党的声望短暂地达到顶峰。但随着业余的希特勒暴动、党首被捕以及纳粹党和《民族观察家》报纸被取缔，纳粹党似乎走到了尽头。它自己的支持者和整个右翼极端主义阵营瓦解成了许多分裂的小团体。最成功的是戈特弗里德·费德（Gottfried Feder）、格雷格尔·施特拉塞（Gregor Strasser）和威廉·弗里克（Wilhelm Frick）——这些早期的纳粹分子后来在不同方面成为纳粹党的重要人物——与鲁登道夫的德国人民自由党结成选举联盟，并在1924年5月的帝国议会选举中取得了6.6%的选票。但这个联盟不久后又分裂开来，在同年12月的选举中的得票率降到只有3%。

随着希特勒出狱后纳粹党的重建,以及 1925 年 2 月禁令的结束,纳粹党的强烈反议会的路线也被放弃了。虽然是奥地利人,但希特勒并没有被驱逐出德国,因此能够继续政治生涯,却要求将犯罪的外国人驱逐出境。纳粹党成员增加了,但直到 1928 年,该党基本上仍然是无足轻重的。当时很少有人能像文学家阿尔弗雷德·维纳(Alfred Wiener)那样高瞻远瞩,他作为"德国国民犹太信仰中央协会"的高级成员,早在 1925 年就对纳粹分子提出了警告。"不仅是因为他们反对犹太人",正如他所强调的那样,而是因为希特勒统治下的德国将在"血与泪的海洋"中沉沦。1928 年,维纳成立了中央协会的"威廉大街办公室",从此以后,他在那里记录了国家社会主义者的活动,并出版了反对他们的材料,一直到 1933 年。从 1929 年起,纳粹党受益于经济形势恶化,恶化的经济形势为希特勒及其追随者以通俗的口吻发表粗暴又骇人听闻的抨击性言论提供了条件。随着世界经济危机的爆发,其成员数量继续增加,到 1930 年达到了近 13 万人。1927 年在整个德国出版的《民族观

↓ 在第 13 个前线士兵节来临之际,"钢盔党"成员在滕珀尔霍夫广场游行,有超过 15 万人参加,1932 年 9 月

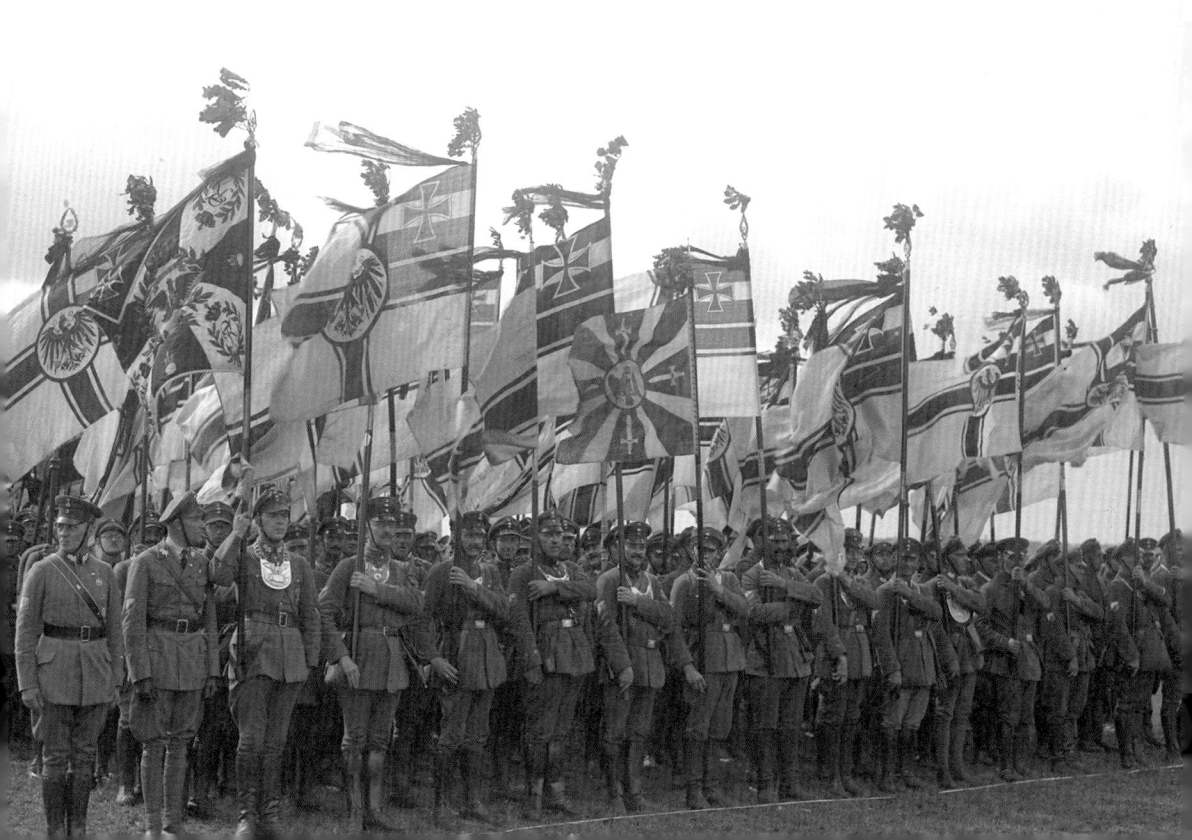

察家》在第二年就达到了 12 万份的发行量,希特勒甚至在 20 世纪 30 年代初的选举胜利后还进行了"合法宣誓"。在这十年中,纳粹党成为第二强大的力量,以对抗政变谣言。此时,一位纳粹党党员也首次成功地当选部长,威廉·弗里克被任命为图林根州的内政和国民教育部部长。纳粹党人的行动主义——在他们自己的暴徒即纳粹冲锋队的激励下(这将在后面讨论)——以及他们作为现代"运动"的舞台,从根本上反对一切所谓的"党",这对德国国家人民党的右翼反动派来说几乎无法抵抗。德国国家人民党的达官显贵显得过于支持国家,而那些觉得自己置身此列的贵族和大工业家又太过远离人民。当然,他们也很不满意——但不是因为他们害怕经济困难,而是因为他们拒绝民主。在民主中感到不适,同时在经济上又没有从制度中受益的不满者,基本上也为"钢盔党"所用。这些人由马格德堡化学家和苏打水制造商弗朗茨·塞尔特德(Franz Seldte)于 1918 年 12 月 25 日成立的第一次世界大战前线战士联盟吸收,他本人在战争中失去了一条手臂,帝国为此向他颁发了一些高级军事奖励。塞尔特德和其他"钢盔党"成员自 1919 年起就是德国人民党党员,在 1927 年以退党抗议施特雷泽曼的政策。自 1924 年以来,"钢盔党"也接收非前线的战士,渐渐发展为一个准军事协会,并朝着德国国家人民党方向政治化。从 1929 年起,它与德国国家人民党和纳粹党组成了"国家反对派",反对"杨计划"的全民公决把两个政党牢牢结合在一起。希特勒为了感谢他的战友塞尔特德,在 1933 年任命他为劳动部部长。在这个职位上,塞尔特德一直工作到 1945 年,而他的"钢盔党"一部分隶属于冲锋队,一部分则被允许继续作为纳粹前线战士联盟存在到 1935 年。

尽管右派内部争吵不休,但他们与哈尔茨堡阵线成功地做了一件德国左派经常谈论但一直做不到的事:成立一个暂时的联盟。虽然与在许多大城市相比,在巴德哈尔茨堡举行的活动并不会遭到共产党人的扰乱,但它仍然是"全国反对派"唯一一次会议:11 月 16 日,哈尔茨堡阵线在国会提出对总理布吕宁的不信任投票,德国人民党甚至德国共产党也加入了投票行列,而这一投票仅因社民党的反对而失败。此后不久,"法西斯主义研究会"在波茨坦成立,德国国家人民党、纳粹党、"钢盔党"和莱茵兰联盟的代表们联合起来,致力于在意大利法西斯主义的经验基础上统一政治右派。该研究会的一个创始人和执行董事为卢森堡和李卜克内西的谋杀者、卡普政变分子瓦尔德马·帕博斯特(Waldemar Pabst)。

共和国的倡导者现在也认为有必要采取行动。1931年12月16日，社民党、德国工会总联合会、自由雇员总联合会和工人体操和运动联合会成立了"钢铁阵线"，明确地形成反对哈尔茨堡阵线的民主力量，从而——尽管时间不长——动员其支持者支持共和国。

→德国国家党选举海报，1932年（图中文字大意："市民们，来参加德国国家党吧！与你们的死敌极端主义战斗！"）

第五章
1932—1933：
前进的共和国

（一）普鲁士政变：魏玛联盟的终结

只有在普鲁士才有可能保留魏玛联盟。因此来自社民党的普鲁士总理奥托·布劳恩是德国民主的最后一个堡垒，也是已经在"倒计时"的总理海因里希·布吕宁仅存的支持者。从 1920 年到 1932 年——由于 1921 年 4 月至 11 月基督教工会成员亚当·施泰格瓦尔德（Adam Stegerwald）领导的资产阶级联盟及 1925 年 2 月和 3 月帝国前任和继任总理威廉·马克斯领导的普鲁士政府危机而两次中断——奥托·布劳恩也是当时最伟大的德国总理。他尖锐地反对左派和右派的政治极端分子，被认为是民主的钢铁卫士，是少数真正受欢迎的民主党政治家之一。与其他州总理，尤其是与帝国政府相比，布劳恩成功地按照民主原则改组了公共行政机构。他的内政部部长卡尔·塞弗林（Carl Severing）在其中发挥了重要作用。和布劳恩一样，塞弗林是魏玛共和国最有能力的社民党政治家之一，他首先在 1920 年至 1926 年任普鲁士内务部部长，随后又在 1928 年至 1930 年担任了帝国内务部部长，后来又担任了他之前的普鲁士内务部部长职务。民主派官员如阿尔伯特·格热辛斯基（Albert Grzesinski），从 1922 年 11 月至 1930 年 2 月先担任普鲁士警察局局长，后担任柏林警察局局长，最后担任普鲁士内务部部长，1930 年 11 月，他再次出任柏林警察局局长。柏林市建设委员、后来的马格德堡市市长恩斯特·罗伊特（Ernst Reuter），也做出了不少功绩，他在柏林创建了世界上最高效的市内公共交通系统之一，并促进了有益于社会公正的市政经济，名声传遍了普鲁士内外。民主派对他们有多钦佩，左翼激进派对他们就有多妖魔化。因为他们不妥协的态度和右翼激进派的攻击，1933 年后，他们中的许多人被关进了集中营。

然而，在 1932 年 4 月 25 日的邦议会选举中，普鲁士民主派失去了多数票支持。最强大的力量是纳粹党，获得了 36.3% 的选票。虽然希特勒的政党不能与任何人一起执政，但鉴于德国共产党 12.3% 的选票，右翼极端分子形成了所谓的消极多数派，可以阻止民主派的任何议会决定。其他政党加在一起——其中只有社民党和中央党，以及在较小数目上反共和的德国国家人民党仍然重要——只获得了 204 个席位中的少数。布劳恩和他的内阁继续留任，但无法组成新的联盟，实际上没有任何权力。因此，布吕宁的最后一根支柱也已经倒下了。兴登堡顾问团长期一直为"饥饿宰相"的倒台而努力。库尔特·冯·施莱彻将军和他的老朋友——离开中央党不久的大反动派弗朗茨·冯·巴本——于 5 月 30 日将海因里希·布吕宁拉下了台。"成功就差 100 米了"，正如他自己后来所称，他已经快要成功让战胜国免除赔款债务了。出风头不是施莱彻的作风，他更喜欢在后台拉关系，对布吕宁的电话进行监听。据称，他是一系列针对内阁和普鲁士邦政府成员的非法监视行动的始作俑者，并被认为是极其狡猾的人。没有人可以指责威斯特法伦贵族、前职业军官和失败的外交官弗朗茨·冯·巴本是后者，但他确实明显对权力有所偏好。"他没有才智，但他是一顶帽子。"据说施莱彻曾这样评价巴本，而现在正是这顶帽子，按照施莱彻的计划，被兴登堡恩准成为总理。巴本的"男爵内阁"主要由普鲁士邦旧贵族组成，实际上在民众中根本没有得

↓ 普鲁士邦选举时的社民党竞选海报，1932 年 4 月（图中文字大意："与布劳恩和塞弗林同行！选社民党人！"）

到支持，他们甚至没有试图实行民主。普鲁士的布劳恩和塞弗林很清楚，下一个受到打击的将是他们。

随后发生的是魏玛共和国历史上唯一一次成功的政变。1932 年 7 月 20 日，为此准备了很长时间的巴本，将从 6 月初起接替生病的奥托·布劳恩的普鲁士副总理海因里希·希特谢弗（Heinrich Hirtsiefer，中央党）、内政部部长塞弗林和无党派的财政部部长奥托·克莱珀（Otto Klepper）召到帝国总理府，在那里告诉他们，他们已被罢免，兴登堡已任命他为普鲁士邦帝国委员。这个借口是由阿托纳（Altona）的一场街头战斗提供的，该地区直到 1937 年才并入汉堡，以前属于普鲁士。这场战斗的开端是数千名纳粹分子在政治左翼工人家庭居住的老城区游行。在这次挑衅中，冲锋队队员们故意殴打政治反对派，很可能还开了枪，结果有两名冲锋

↑"男爵内阁"，左起：弗朗茨·居尔特纳（司法）、赫尔曼·瓦姆博尔德（经济）、库尔特·冯·施莱彻（魏玛防卫军）以及马格努斯·冯·布劳恩（粮食、农业以及东部专员）、威廉·冯·盖尔（内政）、弗朗茨·冯·巴本（总理）、康斯坦丁·冯·纽拉特（外交）

队队员死亡，可能是被共产党人枪杀。傍晚时分，"阿托纳血腥星期天"在警察的干预下达到了高潮，最终16名当地人被打死，而此时纳粹"示威者"早已离开了现场。由此巴本宣称"普鲁士的公共安全和秩序不再有保障"。塞弗林称巴本的行为违宪，并以正确的论点进行反驳，认为普鲁士既没有违反帝国宪法，也没有违反帝国法律，相反，它正确地履行了所有职责。即使巴本是对的，宪法也有相应的补救措施，那就是"帝国处决"，就像1923年萨克森和图林根州受到打击时一样。然而在普鲁士，与上述两个州相比，政府和警察对宪法的忠诚没有受到丝毫怀疑。塞弗林的行为没有作用，他的警告只能让步于暴力。普鲁士政府是政变的受害者，暴力已在路上——为安全起见，巴本让兴登堡签署了第二道紧急法令，宣布柏林和勃兰登堡州进入紧急状态，并将行政权移交给了魏玛防卫军总司令、后来的纳粹战犯格尔德·冯·伦德施泰特（Gerd von Rundstedt）将军。

虽然普鲁士警察有多达9万人的兵力——整个魏玛防卫军可支配的兵力只有10万人——但临时上任的布劳恩和塞弗林怎么可能调动这些警察与伦德施泰特的部队作战，而不用冒着爆发内战的风险呢？完全不可能。他们的另一种选择是号召大罢工，以打击国家政变者。但是，这样做也不现实，因为整个帝国有600万名失业者：每有一个罢工的工人，就会有两个处于经济困境的人很乐意取代罢工者的位置。只有少数"国旗团"（Reichsbanner）的坚定分子还想为民主进行无私的斗争，而民主已经失败了一半。然而从长远来看，这并不够，远远不够。接着，军方行动了起来，把塞弗林从部长的位置上赶了下来，占领了内务部，并在柏林警察总部逮捕了局长阿尔伯特·格热辛斯基及其副手伯恩哈德·魏斯（Bernhard Weiß），还有治安警察指挥官马格努斯·海曼斯伯格（Magnus Heimannsberg）。多亏了普鲁士政府的远见卓识，1932年7月才没有发生血案。民主党人最后一次证明了自己的实力，他们对"普鲁士政变"提出了宪法申诉。1932年10月，他们甚至在国家法院得到了部分正义，根据宪法，布劳恩政府并没有失去其相对于州议会、帝国议会、帝国委员会的政府地位，其被解散是不合理的。但这对他们来说毫无用处：由于所谓的紧急状态，政变被认为是合法的，巴本在短时间内就更换了行政部门和警察部门的高级官员，他的警察政府将所有的权力牢牢地掌握在自己手中。前埃森市市长弗朗茨·布拉希特（Franz Bracht）现在不知不觉地

"普鲁士政变"后兴登堡在柏林广告柱上发布的紧急法令，1932 年 7 月

成为巴本的副手，从而成为普鲁士的实际统治者。民主法学家和部长级官员阿诺德·布莱希特（Arnold Brecht）代表了普鲁士邦合法政府的主张。有句话很快传于众口："布莱希特有正义，但布拉希特有权力。"这是魏玛联盟的最终结局，连新闻界都不相信帝国总统会做出如此违反宪法的行为。

（二）街头恐怖和军事协会

1932年，失业人数达到了顶峰。但是，没有人相信从现在起情况会好转。国会失去了运转能力，紧急法令使最后残余的议会制陷入了瘫痪。然而，如今很多人认为这是遏制民主的有效手段，并认为民主是造成这苦难的罪魁祸首。虽然几乎没有人相信统治者会找到任何可行的解决方案，但政治早已在其他地方——街头——发生了。

从1930年起就有痛苦的现实发生了，这在1928年还是不可想象的。先在大城市，但很快也有较小的市镇，经历了游行、暴动、街头斗殴和骚乱。有时会出现类似内战的情况，特别是在周末。自1928年底以来，一些死亡事件已经发生了，例如在普鲁士解除对阿道夫·希特勒的言论禁令后，希特勒在11月将柏林体育宫的氛围激化，以至于他的支持者随后与警察进行了一场街头大战。柏林警察局局长卡尔·佐尔吉贝尔（Karl Zörgiebel）在骚乱发生后，禁止了所有露天政治活动。这位警察局局长是一个无懈可击的民主人士，以前担任过科隆警察局局长，后又担任过柏林警察局局长——在那里他引入了红绿灯——最后还担任过多特蒙德警察局局长。1929年3月，普鲁士内务部部长格热辛斯基将禁令扩大到整个普鲁士，从而让这个禁令也适用于工人党在5月1日的传统示威活动，于是街头斗殴事件再次爆发，最终30多人丧生，这一事件以"血腥五月"载入了史册。5月1日不是普鲁士公共假日，德国共产党曾号召在当日举行示威游行，并声称禁令已经被解除。然而，当天只聚集了8000人，参加的大部分是较小的团体，警察用警棍对付他们。佐尔吉贝尔预料到会有激烈的巷战，可能也担心激进的左翼敌人会比社民党和工会动员更多的人。集会因为街禁而改在体育宫举行，所以佐尔吉贝尔将治安警察安置在营房，甚至还部署了装有机枪的装甲车。一名社民党兼国旗团成员因没有立即遵守关闭其临街窗户的命令，被警察开枪打死。次日，暴力升级，德国共产党呼吁举行反对警察暴力的罢工，约有25000人参加。警察搜查了工人区公寓，不分青红皂白逮捕了超过1200名嫌疑人。其中，正如后来调查所揭示的那样，只有不足十分之一的人与德国共产党有联系。这次活动

→ 在 1929 年"血腥五月"期间，共产党用于筑路障的建筑材料被警察搬走

不仅杀害了激进左翼示威者和红色战线前线战士联盟的战士，还杀害了完全没有参与的人。骚乱一直持续到 5 月 3 日，主要由工人阶级家庭居住的新克尔恩区和威丁区实施了为期 3 天的"交通和灯光禁令"，德国共产党刊物《红旗报》被禁止出版 7 周，红色战线前线战士联盟先在普鲁士被禁，几天后在整个帝国被禁。"血腥五月"是 1930 年以前准军事组织和警察之间最严重的冲突。在这里，模式变得很明显，此后不久就成了日常生活的一部分：以防卫未遂起义，警察的严酷，有时甚至是残暴的行动被认为是正当的。德国共产党立即反抗，并与受害者团结在一起，无数次谴责社民党是"社会法西斯分子"。

军事协会和准军事组织的矛盾是整个魏玛共和国长期存在的一个严重问题：由于军队兵力被限制在 10 万人以内，这些协会组织招募了退伍和复员的士兵——德国毕竟曾拥有约 500 万的老兵——以实现他们的目标。最初是自由兵团和"黑色帝国军"威胁到了国家的生存，但红色鲁尔军等左翼协会也曾在短时期成为某种权力因素。在 1924 年至 1929 年，军事协会至少没有危及国家，尽管对敌对阵营与警察的权力示威和枪击事件屡见不鲜。此外，从 1924 年起，"钢盔党"、前线士兵联盟等组织逐渐转变为准军事部队，这也显示了公共生活的进一步军事化。各个军事协会在严格的等级制度和类似于军队的组织结构方面的差异，比在政治取向方面的差异小。从 1930 年起，纳粹冲锋队首先将恐怖带到了各个城市街头。冲锋队最早是作为自卫队出现的，不久后又作为纳粹党的一支纯暴力小队出现。1923 年，2000 名褐衫军在当时的领袖赫尔曼·戈林的带领下，参加了希特勒政变。他们的好战行径和对不同政见者、外国人和犹太人的肆虐的恐怖行为，使他们声名狼藉。冲锋队除了在德国各地挑起巷战，还蓄意攻击了柏林的文化机构。例如，1927 年 3 月 21 日，冲锋队的人从利希特费尔德东车站向维滕贝格广场行进，作为艺术家酒吧而闻名的罗曼咖啡接待了这些不请自来的客人。纳粹党的一份内部报告简明扼要地指出："变得无礼的犹太人被不假思索地殴打。"1930 年 11 月，一支冲锋队突击队袭击了位于夏洛滕堡的伊登宫舞厅，该舞厅是工人经常光顾的地方。此次袭击有 20 人受伤。不久后，根据埃里希·玛丽亚·雷马克（Erich Maria Remarque）的反战小说《西线无战事》改编的美国电影上映。柏林纳粹党高官约瑟夫·戈培尔以此为契机，让冲锋队在诺伦多夫广场剧院的莫扎特厅引发连续数日骚乱，这导致该影片在 1930 年 12 月 12 日被撤档并最终被禁映。宣传上的成功——纳粹党现在成了全城的话题——让两年后在德国剧院的"民众自发的愤怒"毫不意外。当时，古拉·海伊（Gyula Háy）写的戏剧《上帝、皇帝和农民》在德国剧院演出，戏剧制作者受到了公然骚扰和身体暴力的威胁。早在 1931 年 9 月 12 日犹太新年，戈培尔和冲锋队领导人沃尔夫·海因里希·格拉夫·冯·海尔多夫（Wolf-Heinrich Graf von Helldorff）——他曾是卡普政变分子和潦倒的庄园主，1933 年 3 月在波茨坦、1935 年在柏林担任警察局局长，但在 1944 年的 7 月 20 日密谋案失败后被处决——发起了选帝侯大街暴动，在这次暴动中，冲锋队和希特勒青年团组成的团伙殴打了被他们误认为犹太人的路人。1932 年 11 月 2 日，冲锋队的人在反对它的第一国际反战博物馆宣传多年后，虐待了和平主义宣传家恩斯特·弗里德里希（Ernst Friedrich）。从纳粹的自我描述来看，建设"红色柏林"和所谓的"征服"都起到了决定性的作用。结合对德国首都进行"犹太化"的描述，纳粹政治的两个核心要素——反共产主义和反犹主义——可以被视为宣传的暴力隐喻：以动员自己的支持者。1923 年希特勒政变后冲锋队多次被禁，最后在普鲁士的施压下，因为 1932 年全国范围内的恐怖浪潮而被禁。然而，即使是在这种情况之下，哪怕自 1930 年以来一些冲锋队的社会革命思想与纳粹党领导层之间产生了日益紧张的关系，都没有阻止冲锋队成员的稳步增加：1932 年 4 月冲锋队被禁时，约有 22 万人。1932 年 6 月由于弗朗茨·冯·巴本的讨好路线，禁令再次被解除了，结果在 7 月的帝国议会选举时出现了类似内战的情况，约 300 人丧生，1100 人受伤——比普鲁士警方 1931 年统计的全年伤亡人数还要多。

红色战线前线战士联盟是德国共产党的战斗组织。它于 1924 年在萨尔河畔的哈勒成立，有各种前身组织，其中包括 1918 年 11 月各个革命士兵联盟及随后一个时期的红军士兵联盟，其地区协会在汉堡和不来梅持续的时间较长。其前身还包括无产阶级百人团，该组织于 1923 年在德国中部首先取得了重要地位。该联盟被用于宣传目的和游行，还参加了反纳粹的街斗和巷战。

然而，与冲锋队或国旗团不同，红色战线前线战士联盟除了具有军事性质，他们还更注重煽动和宣传。这一点在管乐乐队中表现得尤为明显——萨尔兰州的屋顶学徒埃里希·霍恩艾克（Erich Honecker）也在其中一个乐队中演奏——这些乐队在游行中演奏音乐。另外，与其他准军事组织不同的是，德国共产党阵

←冲锋队作为纳粹运动的强大左臂右膀而进行的自我宣传，选举海报，1932 年 10 月

营也有一个女性军事协会，即"红色女性"和"女孩联盟"，不过这些协会扮演男性的从属角色。在 1929 年柏林"血腥五月"里，红色战线前线战士联盟被取缔，之后后继协会继续参加街头战斗，在全国各地组织所谓的"饥饿游行"，甚至成立了失业者卫队。此外，德国共产党的自卫组织也袭击了共和国的代表，例如 1931 年 8 月，后来的斯塔西（Stasi）局长埃里希·米尔克（Erich Mielke）和一名同伙在柏林布洛广场枪杀了两名警察。

国旗团是魏玛共和国迄今为止最大的军事协会，成员约 300 万人，也是唯一一个可以问心无愧地声称它没有寻求任何危害国家的目的的协会。然而令人惊讶的是，很难对该组织的意义做出任何确切结论。1924 年 2 月，国旗团由魏玛联盟各党派（社民党、德国民主党、中央党）和一些工会会员在马格德堡成立，其目的是制衡反民主的准军事组织。最初它的对象是退伍军人——就像反共和协会一样——并冠以"共和战争参加者联盟"的称谓。1929 年，随着人口情况和社会现实的变化，越来越多的年轻人被动员起来上街战斗，它于是被改名为"德意志战争参加者和共和主义者联盟"。该联盟尽管跨了几个政党，事实上由社会民主党人执掌。1931 年，国旗团成为"钢铁阵线"的军事部门，受社民党的影响更加明显，在德国的一些地方中央党的成员不再参与其中。尽管直到 1933 年，有近 50 名国旗团成员成为血腥巷战的牺牲

→萨尔兰州维贝尔基兴，红色战线前线战士联盟游行乐队与埃里希·霍恩艾克（前右）在一起，1929 年

品，但这些战斗主要在冲锋队、红色战线前线战士联盟和警察之间发生——恰好在普鲁士，有不少警察也是国旗团的成员。因此，国旗团具有很高的象征意义：民主就此表明，它很有能力保护自己，也有能力动员人们来保卫自己。这一点很能从一些非常著名的成员身上得到印证，其中包括帝国总理费伦巴赫、马克斯·维尔特（均为中央党）、谢德曼、鲍尔和米勒（均为社民党），前帝国内政和司法部部长埃里希·科赫-韦泽和立宪之父雨果·普雷斯（均为德国民主党）以及社会民主派奥托·韦尔斯、尤里乌斯·勒贝尔、奥托·布劳恩、帝国议会议长保罗·洛贝及弗里茨·鲍尔，后者作为黑森州检察长通过法兰克福的奥斯维辛集中营审判而成名。

↓ 国旗团成员埃里希·舒尔茨的葬礼。他在与"钢盔党"人发生争执时被枪杀。葬礼于1925年5月2日在柏林举行，国旗团成员踊跃参与

资产阶级政党在议会中可能大大优于反国家的政党，但在街头，他们几乎没有办法反对共和国的准军事敌人。与社会民主党及其国旗团或"钢铁阵线"的斗争，同与纳粹党人的斗争一样激烈，都是由德国共产党和红色战线前线战士联盟发动的。工人阶级的深刻分裂，也同样是由国旗团和社民党一手培养起来的，这最终导致了纳粹分子未被视为主要敌人。他们也没有一起打倒纳粹。

（三）节日、仪式和假日

20世纪20年代，德国在国际上逐渐恢复信誉，这一点不仅可以从政治外交领域或经济投资中看出，而且可以在文化、科学和体育方面得到证明。著名的舞台剧和默片明星埃米尔·詹宁斯（Emil Jannings）得到了一份薪酬丰厚的好莱坞合同，并在1929年获得了有史以来第一个奥斯卡奖。他至今仍然是唯一一个获得过奥斯卡最佳男主角奖的德国人。除了詹宁斯，还有不少德国著名电影人在"梦工厂"立足，如约瑟夫·冯·斯特恩伯格（Josef von Sternberg）、玛琳·迪特里希（Marlene Dietrich），导演F.W. 茂瑙（F.W. Murnau）。1929年，茂瑙的第一部好莱坞电影《日出》就获得了三项奥斯卡奖。他的同行恩斯特·卢比奇（Ernst Lubitsch）虽然没有获得过奥斯卡奖，但他在1922年成为美国电影史上最重要的喜剧导演之一。还有摄影师卡尔·弗洛伊德（Karl Freund）1938年凭借《大地》获得奥斯卡金像奖。1929年，诺贝尔文学奖被授予作家托马斯·曼（Thomas Mann）——继1912年盖尔哈特·豪普特曼（Gerhart Hauptmann）之后的第二位德国人。1926年，诺贝尔和平奖颁给了外交部部长古斯塔夫·施特雷泽曼和他的法国同行阿里斯蒂德·白里安，次年又颁给了历史学家、德国民主党政治家、长期担任德国和平协会主席的路德维希·克魏德（Ludwig Quidde）和法国人权联盟的共同创始人费迪南·比松（Ferdinand Buisson）。从诺贝尔奖的角度来看，德国科学家创造的奇迹更为重要：1918年至

↓埃米尔·詹宁斯和他的妻子在奥斯卡颁奖典礼后抵达柏林，1929年5月

1931 年，诺贝尔化学奖授予了不少于 7 位德国人，其中包括 1918 年的弗里茨·哈伯（Fritz Haber）、1920 年的瓦尔特·赫尔曼·能斯特（Walther Hermann Nernst）和 1931 年的卡尔·博施（Carl Bosch）。奥地利人理查德·齐格蒙德（Richard Zsigmondy）自 1908 年起在耶拿从事科学工作，并在哥廷根担任教授，也于 1925 年获此殊荣。1918 年马克斯·普朗克（Max Planck）、1921 年阿尔伯特·爱因斯坦、1925 年古斯塔夫·赫兹（Gustav Hertz）、1932 年维尔纳·海森堡（Werner Heisenberg）等世界著名物理学家先后获奖，另外 6 位德国人也获得了诺贝尔奖，1922 年和 1931 年又有两位德国医生获得这一殊荣。同样在 1931 年，国际奥委会选择了柏林作为 1936 年夏季奥运会的举办地。

共和国作为一种国家形式，尽管取得了种种成就，但却很难发展出有助于其获得更多认可的节庆和仪式——尽管这些成就也是建立在自由宪法的基础上的。没有人能够且愿意重复帝国的盛况，在以前的帝国里每一件小事都被华丽地庆祝过。在另一方面，国民议会仍想在 1919 年将五一节提升为国家假日，但这一节日从一开始就被反宪法的德国共产党大力利用，以至于它不再被考虑列入共和国的假日中。因此直到 1921 年，德国才有了全国性的节日：8 月 11 日的宪法日。柏林的庆祝活动最初是以一种强调冷静但支持现有国家秩序的方式进行的，因而缺乏任何大众吸引力。1919 年，内政部设立了帝国艺术大臣一职，从此以后，从国徽、国旗、钞票到邮票，所有的国家标志都由其负责。这个职位由艺术史学家埃德温·雷德斯罗布（Edwin Redslob）担任，他成长于歌德的魏玛，在 1912 年年仅 28 岁就接管了埃尔福特博物馆，成为德国历史上最年轻的博物馆馆长，并在 1919—1920 年担任了斯图加特国家美术馆馆长，随后还担任了符腾堡各个博物馆的总馆长。雷德斯罗布还负责组织了宪法日庆祝活动。此外，虽然国庆节是公共假日，在普鲁士、巴登和黑森，国庆节是放假的，但在巴伐利亚等地则不放假。后来的宪法日庆祝活动则表现得更加亲民，比如在国会大厦的官方仪式上，所有的门都被打开了，同时在外面举行了配有军乐的民俗节。还比如在 1929 年，巨大的黑红金旗帜被抬过德国体育场——德国足球锦标赛的决赛曾多次在这里举行，两年前兴登堡 80 岁生日时，人们也在此向他致敬过。最后一次宪法日庆祝活动于 1932 年在德国国会大厦前的国王广场，即今天的共和国广场上举行。帝国艺术大臣雷德斯罗布在 1933 年 3 月初就被纳粹分子免职。

相比之下，宪法的敌人从反对共和国的斗争中形成的仪式问题要少得多，这些仪式实际上辨识度很高。例如，1924年10月，德国红色援助组织成立，该组织实际上是由德国共产党控制的。德国红色援助组织——最初由后来的东德总统威廉·皮克（Wilhelm Pieck）领导，然后从1925年开始由近70岁的女权活动家和帝国议会议员克拉拉·泽特金（Clara Zetkin）领导——是1921年德国中部起义的直接结果，主要是帮助被监禁的红色战线前线战士，为其提供法律援助和物质支持。在多年为红色援助组织工作的约300名律师中，柏林辩护律师汉斯·利顿（Hans Litten）以引人注目的审判而闻名，他在1929年的"血腥五月"审判和1931年的"伊登宫"（Edenpalast）审判中，以证人身份传唤了希特勒，并最终将其带上法庭，他因此被称为"无产阶级的律师"。德国红色援助组织成员数量——据说1933年它的人数超过了50万——明显多于红色战线前线战士联盟，后者最高峰时有10万名同志。与后者不同，红色援助组织还有少数社民党成员。各种红色援助运动，如支持1928年大赦政治犯、艺术自由或废除堕胎禁令（第218条），也得到了广大公众人物的支持，包括阿尔伯特·爱因斯坦、海因里希·曼、埃尔温·皮斯卡托（Erwin Piscator）、凯特·科尔维茨（Käthe Kollwitz）、马克斯·利伯曼（Max Liebermann）、海因里希·齐勒（Heinrich Zille）、奥托·迪克斯（Otto Dix）、埃里希·米萨姆（Erich Mühsam）、海因里希·沃格勒（Heinrich Vogeler）、卡尔·冯·奥西茨基（Carl von Ossietzky）和马格努斯·赫希菲尔德（Magnus

↑ 1929年8月11日，在柏林举行的宪法日庆典上，护旗手们抬着德国国旗进入体育场

↑ 在柏林铁路运输公司罢工期间，封闭的波茨坦广场地铁站与罢工标语，1932 年 11 月

Hirschfeld）。用活动和号召赢得支持者——至少是同情者——的支持，在五一节的传统示威中得到了最明显的体现：无论是工人政党社民党还是社会主义工会，都不可能单独占据一个周年纪念日。这一点也表现在罢工及其号召中，在魏玛共和国，当罢工完全胜利无望，甚至其决定是在违背多数人意愿的情况下进行时，示威活动有时就会呈现出纯粹的仪式特征。这些仪式主要是支持者的情感纽带，以展示战斗精神和制造认同感。20 世纪 30 年代初最重要的罢工——柏林铁路运输公司运输工人罢工时的情况就是如此。当时世界上最大的市政企业削减工资，对此，德国共产党号召罢工。虽然赞成罢工的投票未能达到规定的四分之三多数，但共产主义"革命工会反对派"仍于 1932 年 11 月 2 日举行了罢工。戈培尔现在相信，他可以通过政治力量的比拼，来赢得工人对纳粹主义的拥护——1930 年的企业选举表明，只有 6% 的柏林铁路运输公司员工投票支持纳粹工人小组。在纳粹工人小组代表的行动主义刺激下，冲锋队队员与红色战线前线战士一起，开始殴打要求工

作的社民党工会成员，破坏电车轨道和架空电线。仅仅过了四天，罢工就崩溃了，一名共产主义工人、两名来自纳粹党的大学生和两名警察死在了人行道上。

在纪念日，共和国右翼敌人往往倾向于纪念第一次世界大战中阵亡的士兵，并忽略平民中的受害者。例如，在试图实行"人民哀悼日"的过程中，就显示出了这一点。成立于1919年12月的德国战争墓民族联盟希望纪念死去的士兵，同时考虑到当时政治的紧张局势，希望达成"休战"。不过，该联盟的态度在纪念遇难者和崇拜英雄之间摇摆不定，后者往往伴随着反共和言论。由于"人民哀悼日"的定位不明确，其在民众间的接受度不高，它从未成为一个法定节日，尽管从1925年开始每年都举行哀悼仪式。工人政党试图将死者塑造成民主成就的先锋，并利用庆祝活动呼吁和平，或者像汉堡共产主义报社《晚报》在1928年所做的那样，直接抵制这一天，称其为"战争煽动者日"。从1933年起，纳粹党人把"人民哀悼日"变成了法定的"英雄纪念日"，并为此创造了新的"烈士"。随着1923年希特勒政变本身的15名受害者——被枪杀的4名巴伐利亚警察被排除在外，而未参与其中的服务员的死亡则被挪用为第16名受害者——的出现，一场真正对死者的崇拜在纳粹党内开始了。希特勒将在兰茨贝格要塞监狱口述的《我的奋斗》一书的第一卷献给了他们。伴随着每天的街头恐怖，从1930年开始，后来所谓"运动的血证者"开始累积起来。其中最著名的是冲锋队队长霍斯特·威塞尔（Horst Wessel），他于1930年1月14日在柏林公寓中被枪击重伤，一个月后不治身亡。然而这起凶杀案的背景，是威塞尔的女友、曾与他同居的妓女与她的女房东之间的私人冲突。女房东的亡夫曾是德国共产党党员，所以她从自己的丈夫的党内朋友们那里寻求确凿证据的支持。所以最终结果被谣传成是一个共产党员枪杀了一个冲锋队员，这让更具体的犯罪情节相形见绌了。一个政治极端分子枪杀了另一个政治极端分子，在本已愈演愈烈的暴力氛围中绝非独一无二，但威塞尔最适合被用于纳粹党的宣传。这样一来，纳粹党在"运动的血证者"队伍中又多了一位"牺牲英雄"，该党可以用"血旗"来纪念他。1923年11月9日，在警察的子弹阻止游行之前，这面"卐"字旗曾在慕尼黑飘扬过。在纳粹党人夺取政权后，这种仪式性的纪念活动与相应的"祭祀场所"以膨胀的方式增加，因为它们现在得到了国家支持。

（四）对内战的担忧

如果说 1932 年的政治和社会有什么特点，那就是对内战的担忧。海因里希·布吕宁一方面依靠帝国议会中的社会党人保持沉默，另一方面有赖于君主制总统及其"顾问"的信任。两党都支持布吕宁，只是因为他们认为纳粹党和德国共产党更糟糕，而不是因为他们信任他。只要经济形势没有好转，他就无法安抚民心，他在外交政策上的策略也因对法国的抵抗路线而无效，在对待纳粹党方面，他的路线有时靠整合，有时靠严格划界，毫无一致性。同时兴登堡希望通过"东援"的方式来实现他朋友们的利益，但布吕宁不想在这方面浪费任何金钱，而社民党则抱怨"饥饿宰相"的措施使群众陷入贫困。与此同时，大规模失业和街头恐怖占据了日常生活，每个人都充满对内战的担忧。

考虑到 1932 年 3 月 13 日和 4 月 10 日举行的总统选举，这种担忧面临一个决定性的时刻。布吕宁劝说现任总统再次参选，否则希特勒很可能成为

→总统选举的参选广告，1932 年

他的接班人。"使祖国不因一个极端党派人士的当选而受到震荡",是这位年迈候选人唯一一次广播讲话的精髓。柏林市市长海因里希·萨姆(Heinrich Sahm)领导的"兴登堡委员会"强调了其无党派性——因为德国人民显然已经有了足够多的党派——并最终把这位老人塑造成了"代皇帝"。该委员会的倡议获得了作家盖尔哈特·豪普特曼、画家马克斯·利伯曼(Max Liebermann)、德国工业联合会主席卡尔·杜伊斯堡(Carl Duisberg)——化学家和法本公司监事会主席,同时也是有影响力的欧洲统一经济区的倡导者和年轻科学家的赞助者,但也是反犹主义者,后来成为希特勒的支持者——以及自由工会成员恩斯特·莱默(Ernst Lemmer)、前国防部部长奥托·格斯勒(Otto Geßler)和古斯塔夫·诺斯克等知名人士的签名支持。缺席的是大地主们和右翼反动协会:在所有组织中,在1925年选举中曾是兴登堡主要支持者的德国国家人民党和"钢盔党"拒绝追随他,这些组织提出了他们自己的候选人,即中立的希奥多·杜伊斯特贝格(Theodor Duesterberg)——"钢盔党"的第二任联盟主席。哈尔茨堡阵线崩溃了,正如预料的那样,纳粹党提名希特勒为其候选人,因为它要求自己拥有权力——正如希特勒1931年在巴德哈尔茨堡以及一周后在不伦瑞克举行的、约10万名纳粹分子参加的大规模游行中所表明的那样。出身奥地利的希特勒,自1925年以来一直没有国籍,而直到1932年2月底,他才成为德国公民。当时在自由州不伦瑞克执政的纳粹党与德国国家人民党联盟将他提升为公务员,这就意味着自动给予被判犯有叛国罪的人公民身份了。而对于德国国家人民党和"钢盔党"来说,这位激进的"鼓手"——他现在表面上是不伦瑞克驻柏林代表处的特使——似乎太没有经验了,加上他那暴徒一样的态度,令人很难支持他成为总统候选人。在另一方面,兴登堡对他们来说似乎不可接受,因为这位老人并没有表现出破坏宪法的倾向,很难为在社会现实看来无望的、专制联邦国家的狂热言语铺平道路,以作为向复辟的过渡。德国共产党和1925年一样,其领袖恩斯特·泰尔曼(Ernst Thälmann)以候选人的身份参加了竞选,并提出了一个从今天的观点来看几乎无法反驳的论点:"凡是投票给兴登堡的人,就是投票给希特勒;凡是投票给希特勒的人,就是投票给战争。"然而,民主党派却一筹莫展。1925年,他们曾推举威廉·马克斯——在魏玛联盟各党派之间达成谅解的伟大政治家——作为自己"人民集团"的候选人,来对抗兴登堡周围反共和的"帝国集团",结果险些落败。但现在他们认为,这位反议会制但半路出

→ 1932 年 7 月 10 日图宾根红色日的默辛根反法西斯行动。在"夺权"当天，施瓦本地区的默辛根村约有 200 人抗议希特勒被任命为总理，次日多达 800 人响应号召举行了总罢工——这是全德国唯一一次公开的抗议活动

家忠于宪法的战地元帅，是反对纳粹党元首的最后堡垒。"打倒希特勒！"这是社民党的口号，恩斯特·海尔曼和奥托·布劳恩等有影响的人为现任总理的连任进行了积极的宣传。中央党和巴伐利亚人民党，以及从 1930 年起就自称德国国家党的德国民主党和德国人民党——后两者在此期间已经失去了许多重要性——几乎从一开始就支持兴登堡重新参选。

这次选举最后一次表明，魏玛联盟在阻止纳粹党上台方面可以发挥作用。现任者获胜，哈尔茨堡阵线似乎成为历史，民主阵营显示出难得的团结。当然，这一切并没有持续多久：1932 年 5 月底布吕宁总理被解职，7 月他的继任者弗兰茨·冯·巴本在普鲁士发动政变，盛行的街头恐怖无法制止。这些都清楚地表明，少数老牌知名人士和一些民间贵族无意拯救共和国，也没有能力遏制内战。赔偿义务的结束（1932 年夏天，协约国在洛桑会议上决定取消赔偿义务）或者已经出现的经济上行，对民主也没有产生积极影响。与此同时，纳粹党正迎接一场又一场的选举成功，而希特勒正努力争取总理的位置。在 1932 年 7 月 31 日的帝国议会选举中，他的政党取得了 37.3% 的选票，第一次成为最强大的力量。德国共产党获得了 14.3% 的选票，德国国家人民党得到了 5.9% 的选票。如同先前在普鲁士一样，反国家的政党赢得了一半以上的席位，并且能够破坏政府的任何决策。因此，帝国议会无法工作，但它对组建政府已不再重要：稳居第二的社民党几乎失去了 3 个百分点，德国人民党和国家党几乎失去了所有选票，而中央党——仍然是一个引人注目的政党，拥有 12.4% 的选票——及其在巴伐利亚州的姐妹党巴伐利亚人民党的得票少得几乎不值一提，所以无论如何，总理必须由帝国总统任命。鉴于议

→帝国大选前，两名冲锋队队员在梅克伦堡张贴纳粹党竞选海报，1932 年春

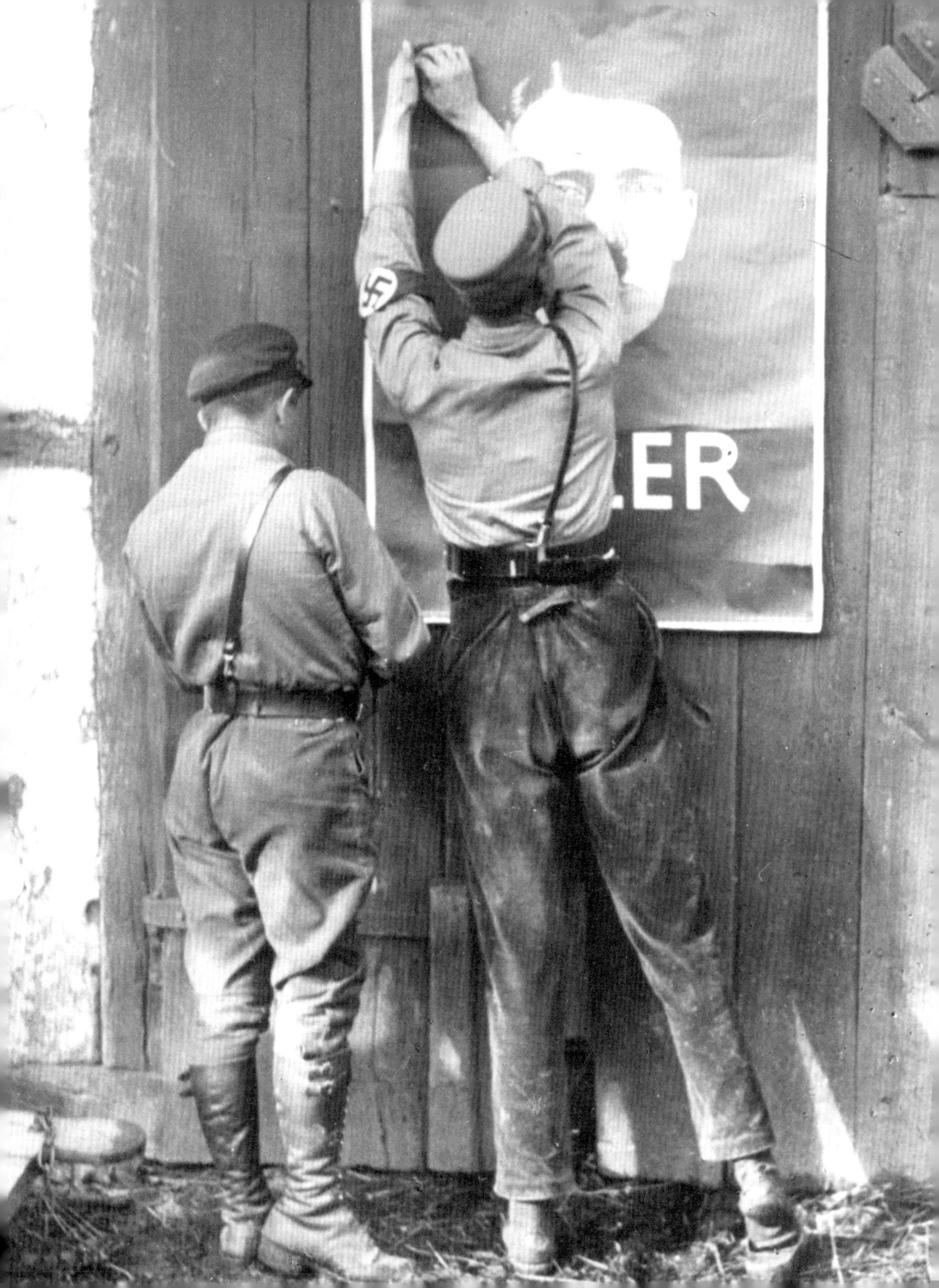
ER

会相对无足轻重，让令人惊讶的是，选民的投票率却超过84%——这是大多数民主国家今天都只能梦想的数字。作为有史以来最血腥的选举斗争之一，本次选举大战被载入了史册：一个月内，99人丧生，仅选举日当天就有12人死亡。可悲的高潮是"阿托纳血腥星期天"，巴本以此为借口，在普鲁士发动了政变。同时，纳粹分子和共产党人之间的冲突，大多发生在鲁尔区和柏林。1932年的内战，看上去几乎控制了整个德国社会，但很快就使巴本的"普鲁士政变"被遗忘。挑衅、斗殴和枪击事件越来越多地发生在所谓的冲锋队接头的小酒馆——有时也是共产党人的接头之所。像下西里西亚奥劳镇这样的事件实属罕见，该地有12000名居民，7月10日有两名冲锋队队员被国旗团成员杀害。"内战永难停止"是社民党报纸《前进报》第二天刊登的标题。

然而选举后情况并没有任何改善。8月1日晚，纳粹分子放火烧了柯尼斯堡的一个加油站，洗劫了一个军火库，数次企图冲进社民党的《柯尼斯堡大众报》大楼，共产党议员古斯塔夫·绍夫（Gustav Sauf）丧生。托马斯·曼随后公开称希特勒的党是"民族之疾"。同一天，不伦瑞克市市长恩斯特·伯姆（Ernst Böhme，社民党）——国旗团的共同创始人之一——的房子成为爆炸袭击的目标。第二天报纸报道了波美拉尼亚马里恩堡一名工会官员遭到左轮手枪射击。8月3日，在石勒苏益格—荷尔斯泰因州最大的犹太社区——基尔市——的犹太教堂遭到了炸弹袭击。同时，柯尼斯堡附近的小村诺尔高（Norgau）的乡长被枪杀，次日在上西里西亚的格莱维茨（Gleiwitz）警方捣毁了一个冲锋队武器库。据《德意志汇报》报道，"谋杀流行病"在德国各地猖獗。仅在帝国议会选举后的几天内，就有50多人成为出于政治动机袭击的受害者，因此兴登堡在8月9日颁布了一项紧急法令，规定对政治谋杀罪处以死刑。但这并不能阻止9名来自大多数是波兰人的、有820名居民的上西里西亚波坦帕村（Potempa）的纳粹分子，他们喝醉后在第二天晚上闯入矿工康拉德·皮特阻奇（Konrad Pietrzuch）的公寓中，当着他母亲和兄弟的面残忍地将他踩死。一个特别法庭判处其中5名凶手死刑，但希特勒给他的"同志们"发了一封电报，赞扬他们的"无限忠诚"，并表示在他的统治下，"5个德国人绝不会因为一个波兰人而被判刑"。这加剧了兴登堡的信念，即希特勒永远不应该成为帝国总理。但他的顾问团和软弱的巴本一直做他的工作，9月初，他将死刑减为终身监禁。这种"终身"监禁正好持续到1933年3月

23 日，这一天凶手们被宣布为"民族起义的拥护者"——这是对纳粹暴力犯罪者的特赦称号——并被释放。

终于，帝国议会的最后一场闹剧发生在 9 月，巴本想在第一次会议上解散新选出来的议会，但忘记了兴登堡为此颁布的法令，只好派人回去取法令，而新任帝国议会主席戈林却故意忽略了这一点，以便首先允许对毫无保留的帝国总理进行不信任投票。512 名议员投了巴本的反对票，只有 42 名议员投了支持票，这是议会的一次空前失败。当戈林宣读现在看来毫无价值的解散法令时，巴本已经离开了大会堂，但该法令还是生效了。此外，这个绊脚石是巴本唯一曾设法带来的好计划：一个全面的经济计划，它的基本部分还是在布吕宁时期制定的，并且由于各种不同的原因受到各方批评，但实际上改善了情况，使希特勒最终从中受益。美国著名记者休伯特·克尼克伯克（Hubert Knickerbocker）——曾在 1931 年因报道苏联经济计划和那里的饥荒而获得普利策奖——写道："在欧洲所有国家应对危机的计划中，德国的设计最为巧妙。"兴登堡通过紧急法令强制执行了该方案，而巴本则担心帝国议会可能再次否决该方案。然而，这本是他的宪法权力，所以以"帝国议会有可能要求废除我今年 9 月 4 日的紧急法令"为由解散帝国议会，在法律上是站不住脚的。不过已经没有人再去过问此事了，在 1932 年 11 月 6 日，帝国议会选举再次被提上日程。纳粹党再次成为最强大的力量，但"只有"33.1% 的选票。然而，转换阵营的 200 万选民并没有突然成为民主主义者，他们主要投票给德国国家人民党，此党得到了 8.5% 的选票。但这一切对巴本来说毫无用处，他的"新国家"梦，即旧精英的专制独裁，将直接导致内战，因为没有群众同意的政治纯属幻想。兴登堡也知道这一点，他最初坚持认为，巴本——或希特勒，如果有必要的话——如果想成为总理，就必须争取议会多数。两者都失败了，而库尔特·冯·施莱彻至少在幕后获得了魏玛防卫军的支持。因此，1932 年 12 月 3 日，年迈的陆军元帅将这位工于心计的将军推举为总理。四天后，议会大厅发生了一场战斗。12 月 9 日，帝国议会通过了魏玛共和国的最后一项立法：对政治罪进行适当的大赦。谋杀罪虽然没有包含在内，但对谋杀罪的大赦实际上是通过议会程序实现的。

（五）"代皇帝"和"波希米亚下士"：
纳粹党执掌政权

帝国总统兴登堡犹豫了很久，才在 1933 年 1 月 30 日任命阿道夫·希特勒为帝国总理。任何"夺取政权"的问题——就像国家社会主义宣传在接下来一个时期乐于描绘的那样——并不存在。如果德国还是一个正常运作的民主国家——在这种情况下，选举后最强大的力量负责组建政府，而且还需要议会多数来执政——那么希特勒可能早在 1932 年夏天就当上了帝国总理，或者说只要没有人愿意与纳粹党结盟，他就永远不会成功。然而，自 1930 年布吕宁上任以来，德国总理执政全靠兴登堡的恩典。而帝国总统对"波希米亚下士"希特勒怀有深深的鄙视。后者来自奥地利而非波希米亚，但地理细节对现已 85 岁的老人来说并不重要。这位所谓的波希米亚人在服兵役期间，从来没有晋升过二等兵以上的军衔，因为在他的上级看来，他缺乏领导能力。而这正

→新成立的帝国内阁，左起：弗朗茨·塞尔特、贡特·盖尔克、卢茨·格拉夫·施韦林·冯·克罗斯克、威廉·弗里克、维尔纳·冯·布隆贝格、阿尔弗雷德·休格伯格，以及赫尔曼·戈林、阿道夫·希特勒和弗朗茨·冯·巴本，1933 年 1 月 30 日

是老战地元帅——德国最高级别的军官——关注的重点所在：希特勒在他的眼里是个无名小卒。至少在这一点上，兴登堡与鲁登道夫将军达成了一致。据称鲁登道夫在1933年8月寄给他前上司一封警告性预言信，称选择希特勒将意味着德国的衰落，后人将因兴登堡让希特勒成为帝国总理而诅咒他。这大概只是一个传言，因为他们是彻头彻尾的军人，根本不可能严肃对待一个有希特勒的军事履历一样的人——尽管希特勒曾因勇敢而获奖励。这一点还表现在：1934年，鲁登道夫粗暴地拒绝了希特勒想给他晋升的机会，因为他不愿意接受一个下士授予的战地元帅军衔。

他们显然更喜欢冯·施莱彻将军：不近人情，语气粗暴，毫无风度，但却是一位一流战略家。起初，施莱彻被视为"马房里的最后一匹马"和"德国政治的转折点"，被人们寄予希望，在他短暂的总理任期之初，他就非常幸运。他从经济上行中获益，虽然这种上行还没有影响大众，但已经使希特勒星光黯淡。与此同时，日内瓦裁军谈判会议在1932年12月初承认了德国的军事平等地位——这是针对《凡尔赛和约》这一令人憎恨的象征的外交政策的成功。此外，他与魏玛防卫军、工会成员、社民党的右翼边缘分子或"民族社会主义者"如奥托和格雷戈尔·施特拉塞兄弟的交流并不困难。在任何情况下，他从这些团体中建立一条交叉战线的计划似乎有现实的机会，因为它将建立在工会和魏玛防卫军的群众基础上，就连希特勒的政党都无法与之抗衡，更何况巴本的"新国家"。然而，它很快就失败了——甚至可能在讨论政治联盟之前就失败了。施莱彻在德国国家人民党中被孤立，工人们不信任这位"社会将军"，工业家们也不信任他，而希特勒不想放弃自己的领导权，兴登堡拒绝在不举行新选举的情况下解散帝国议会，因为那不亚于一场政变。所以，施莱彻在1933年1月底就辞职了，现在是巴本和希特勒的时刻。

他们都需要对方作为合作伙伴：巴本可以说服兴登堡，让他相信是保守派"陷害"了纳粹党的"元首"，他们将与他"尽心尽力"。因为当他们自己建立了前两个政府并惨遭失败时，希特勒却在他背后发起了一次群众运动，以达到自己的目的。在另一方面，"波希米亚下士"也需要保守派，因为没有保守派的支持，他即使如愿以偿地取得许多选举的成功，但纳粹党距离绝对多数仍然很远——兴登堡可能永远不会任命他为总理。于是，希特勒接受了他们在内阁中的优势，并为此重启了哈尔茨堡阵线：巴本成为副总理，休格伯格任经济和粮食部部长，"钢盔党"创始人弗朗茨·塞尔特任劳动部部长。外交部部长康斯坦丁·弗莱赫尔·冯·诺伊拉特（Konstantin Freiherr von Neurath）、财政部部长卢茨·格拉夫·施韦林·冯·克罗西克（Lutz Graf Schwerin von Krosigk）和司法部部长弗朗茨·居尔特纳（Franz Gürtner）只是接替了上一届"男爵内阁"的职务——他们显然也在政治上十分无知，看不出他们在帮助谁埋葬共和国。确切知道自己在干什么的只有两个人：纳粹党成员威廉·弗里克和赫尔曼·戈林。威廉·弗里克作为内政部部长，现在负责普鲁士以外的整个德国警察部队，而赫尔曼·戈林虽然成了没有部长职务的部长，但他的自尊心无法忍受没有部长职务，他现在只负责管理普鲁士警察。因此，纳粹党只有一位专职部长，而德国国家人民党的休格伯格是唯一的其他党派政治家。而保守派对自己的能力过分高估，认为两个月后"希特勒已被逼到墙角，以至于他吱吱作响"，正如巴本所说，新任帝国总理只需要不到一年四分之一的时间，就能把他的"陷害者"降级为无权傀儡。希特勒不像他们老谋深算，他只知道自己想要什么，以及如何得到它。

  当然，仅此一点，魏玛共和国也不会结束。即使是1933年1月30日的勃兰登堡门的火炬游行，希特勒和戈培尔也将其视为一个将开创新时代的重大事件（这要归功于一年前巴本的广播电台国有化政策），但当时几乎没有人意识到任命希特勒的意义。但是，前国家支持党派的漠不关心，新政权采取难以想象的残暴手段对付一切不站在或不能站在其一边的人，机会主义者涌入纳粹党，冲锋队积压的暴力，第一个集中营的建立，以及公务员和部长们愿意配合甚至认可每一个公然的违法行为，所有这些都使反对纳粹政权的、计划满满的行动变得困难。毕竟，人们可以争论魏玛共和国究竟何时不复存在：从形式上看，魏玛共和国宪法的效力一直持续到1933年5月8日，因为在整个纳粹时期，它没有被废除或被新宪法取代。然而，它的基本成就——基本权利——已经被臭名昭著的《帝国总统保护人民和国家法令》所破坏，即被1933年2月28日颁布的所谓《帝国议会火灾法令》破坏。3月24日《授权法》出台，除了社民党和德国共产党，所有党派都同意这个法案。此时，德国共产党的代表已经不再坐在议会中了，因为他们已经被逮捕或在逃。

被任命为帝国总理,很难说第一个德意志民主政府会走向何方。然而,它曾一直都有机会。唯有议会民主制——尽管它近年来也变得脆弱不堪——才能最终阻止独裁统治,即使在 1933 年 3 月 24 日也是如此。

↓ 在阿道夫·希特勒被任命为帝国总理之际,纳粹分子举行火炬游行,1933 年 1 月 30 日

参考文献

Thomas Albrecht, Für eine wehrhafte Demokratie. Albert Grzesinski und die preußische Politik in der Weimarer Republik, Bonn 1999

Wolfgang Benz, Was ist Antisemitismus?, München 2004

Wolfgang Benz(Hrsg.), Handbuch des Antisemitismus. Judenfeindschaft in Geschichte und Gegenwart, 8 Bde., Berlin 2009–2015

Wolfgang Benz(Hrsg.), Allgemeinbildung. Vom Kaiserreich zur Teilung der Nation. Deutsche Geschichte 1890–1949, Würzburg 2016

Dietz Bering, Kampf um Namen. Bernhard Weiß gegen Joseph Goebbels, Stuttgart 1991

Ursula Büttner, Weimar. Die überforderte Republik, Stuttgart 2008

Moritz van Dülmen, Wolf Kühnelt und Bjoern Weigel(Hrsg.), Zerstörte Vielfalt. Berlin 1933 –1938 – 1945. Eine Stadt erinnert sich, 3., erw. Aufl., Berlin 2013

Konrad Dussel, Deutsche Rundfunkgeschichte, 3., überarb. Aufl., Konstanz 2010

Lothar Ehrlich und Jürgen John(Hrsg.), Weimar 1930. Politik und Kultur im Vorfeld der NSDiktatur, Köln, Weimar, Wien 1998

Jürgen Falter, Thomas Lindenberger und Siegfried Schumann, Wahlen und Abstimmungen in der Weimarer Republik. Materialien zum Wahlverhalten 1919–1933, München 1986

Alexander Gallus, Die vergessene Revolution von 1918/19, Göttingen 2010

Dieter Gessner, Die Weimarer Republik, Darmstadt 2002

Manfred Görtemaker(Hrsg.), Weimar in Berlin. Porträt einer Epoche, Berlin 2002

Sebastian Haffner, Die deutsche Revolution 1918/19, Köln 2008

Karen Hagemann, Frauenalltag und Männerpolitik. Alltagsleben und gesellschaftliches Handeln von Arbeiterfrauen in der Weimarer Republik, Bonn 1990

Manfred Herzer, Magnus Hirschfeld. Leben und Werk eines jüdischen, schwulen und sozialistischen Sexologen, 2. Aufl, Hamburg 2001

Peter Hoeres, Die Kultur von Weimar. Durchbruch der Moderne, Berlin 2008

Karl-Otto Hondrich, Enthüllung und Entrüstung. Eine Phänomenologie des politischen Skandals, Frankfurt a.M. 2002

Herbert Ihering, Der Kampf ums Theater und andere Streitschriften 1918–1933, Berlin 1974

Annika Klein, Korruption und Korruptionsskandale in der Weimarer Republik, Göttingen 2014

Uwe Klußmann und Joachim Mohr (Hrsg.), Die Weimarer Republik. Deutschlands erste Demokratie, München 2015

Eberhard Kolb und Dirk Schumann, Die Weimarer Republik, 8., überarb. und erw. Aufl., München 2013

Hans-Christof Kraus, Versailles und die Folgen. Außenpolitik zwischen Revisionismus und Verständigung 1919–1933, Berlin 2013

Christoph Kreutzmüller, Michael Wildt und Moshe Zimmermann (Hrsg.), National Economies: Volks-Wirtschaft, Racism and Economy in Europe between the Wars (1918–1939/45), Newcastle upon Tyne 2015

Detlef Lehnert, Die Weimarer Republik, Stuttgart 2009

Peter Leßmann-Faust, Die preußische Schutzpolizei in der Weimarer Republik. Streifendienst und Straßenkampf, Frankfurt a.M. 2012

Gunther Mai, Die Weimarer Republik, München 2009

Werner W. Malzacher, Berliner Gaunergeschichten. Aus der Unterwelt 1918–1933, Berlin 1970 Sabine Marquart, Polis contra Polemos. Politik als Kampfbegriff der Weimarer Republik, Köln, Weimar, Wien 1997

Peter de Mendelssohn, Zeitungsstadt Berlin. Menschen und Mächte in der Geschichte der deutschen Presse, überarb. und erw. Aufl., Frankfurt a.M., Berlin, Wien 1982

Thomas Mergel, Parlamentarische Kultur in der Weimarer Republik. Politische Kommunikation, symbolische Politik und Öffentlichkeit im Reichstag, Düsseldorf 2002

Wolfgang Michalka und Gottfried Niedhart (Hrsg.), Deutsche Geschichte 1918–1933. Dokumente zur Innen- und Außenpolitik, Frankfurt a.M. 2002

Horst Möller, Die Weimarer Republik. Eine unvollendete Demokratie, 8. Aufl., München 2006 Hans Mommsen, Aufstieg und Untergang der Republik von Weimar 1918–1933, 2. Aufl., München 2001

Hans Mommsen, Von Weimar nach Auschwitz. Zur Geschichte Deutschlands in der Weltkriegsepoche, München 2001

Katharina Oguntoye, Eine afro-deutsche Geschichte. Zur Lebenssituation von Afrikanern und Afro-Deutschen in Deutschland 1884–1950, Berlin 1997

Günther Rühle, Theater in Deutschland 1887–1945. Seine Ereignisse – seine Menschen, Frankfurt a.M. 2007

Hagen Schulze, Weimar. Deutschland 1917–1933, Berlin 1982

Ulla Terlinden und Susanna von Oertzen, Die Wohnungsfrage ist Frauensache! Frauenbewegung und Wohnreform 1870 bis 1933, Berlin 2006

Claudius Torp, Konsum und Politik in der Weimarer Republik, Göttingen 2011

Sebastian Ullrich, Der Weimar-Komplex. Das Scheitern der ersten deutschen Demokratie und die politische Kultur der frühen Bundesrepublik, Göttingen 2009

Volker Ullrich, Die Revolution von 1918/19, München 2009

Dirk Walter, Antisemitische Kriminalität und Gewalt. Judenfeindschaft in der Weimarer Republik, Bonn 1999.

Bjoern Weigel, Vom deutschen zum „arischen" Theater. Die Verdrängung jüdischer Theaterunternehmer in Berlin, Berlin 2017

Christian Welzbacher, Die Staatsarchitektur der Weimarer Republik, Berlin 2006

Gabriela Wesp, Frisch, fromm, fröhlich, Frau. Frauen und Sport zur Zeit der Weimarer Republik, Königstein 1998

Rainer K. Wick, Bauhaus, Kunstschule der Moderne, Ostfildern 2000

Michael Wildt, Volksgemeinschaft als Selbstermächtigung. Gewalt gegen Juden in der deutschen Provinz 1919 bis 1939, Hamburg 2007

Michael Wildt und Christoph Kreutzmüller (Hrsg.), Berlin 1933–1945, München 2013
Heinrich August Winkler, Weimar 1918–1933. Die Geschichte der ersten deutschen Demokratie, 4. Aufl., München 2005

Heinrich August Winkler und Alexander Cammann (Hrsg.), Weimar. Ein Lesebuch zur deutschen Geschichte 1918–1933, 3. Aufl., München 1999

Andreas Wirsching (Hrsg.), Herausforderungen der parlamentarischen Demokratie. Die Weimarer Republik im europäischen Vergleich, München 2007

插图出处

akg-images: 2, 4 o./u., 4 m. (© Estate of George Grosz, Princeton, N.J./VG Bild-Kunst, Bonn 2017), 11, 20, 23 (IAM), 27, 30, 37, 38 (© Estate of George Grosz, Princeton, N.J./VG Bild-Kunst, Bonn 2017), 47, 51, 52, 61, 63, 64 (Album/Decla Bioskop), 66 (Fototeca Gilardi), 68, 79, 84 (TT News Agency/SVT), 106 (Stefan Diller), 113, 155

Bundesarchiv, Koblenz, Berlin/Bild 102 - Aktuelle-Bilder-Centrale, Georg Pahl: 24 (-01454A), 42 (-15181), 55 (-00143), 78 (-08501), 80 (-00258), 90 (-01011), 91 (-01314), 92 (-00824), 94 (-11704), 103 (-10299), 105 (-16625), 111 (-13120), 114 (-02916), 119 (-12023), 121 (-01867), 122 (-01258), 123 (-09036), 127 (-16105), 130, (-12405), 132 (-02441), 138 (-13680), 140 (-07707), 143 (-01362), 144 (-07770), 145 (-08215), 146 (-13992), 148 (-13355), 153 (-14268) **Bild 119 - Hauptarchiv der NSDAP:** 46 (-2571-0006), 129 (-2703) **Bild 146 - Sammlung von Repro-Negativen:** 15 (-1994-060-14A), 33 (-2004-0048), 41 (-1972-062-01), 58 (-1977- 082-35/Hoffmann), 74 (-2005-0163/Oscar Tellgmann), 100 (-1987-076-13/Wilhelm Steffen), 108 (-1971-001-04/Heinrich Hoffmann), 131 (-1969-054-53A), 150 (-1978-096-03) Bild 183

- Allgemeiner Deutscher Nachrichtendienst – Zentralbild: 13 (-N0703-343/Otto Donath), 17 (-G1102-0006-001), 29 (-R05142), 30 (-V07741), 43 (-1989-0718-501/W. Gircke), 45 (-J0305- 0600-003), 50 (-R28458), 54 (-R09876), 56 (-Z0127-305), 70 (-R93426), 75 (-S51506), 76 (-R03618), 83 (-H0916-0500-001), 85 (-R98616), 87 (-1987-0413-506/P. Buch), 98 (-L17092), 99 (-B0527-0001-033), 104 (-R98054), 107 (-R72261), 110 (-09249-0012), 115 (-2008-0814- 503), 118 (-B0527-0001-800), 125 (-2010-0219-501), 137 (-R1230-505), 142 (-W0910-324) **Plak 001 - Norddeutscher Bund, Deutsches Kaiserreich:** 16 (-005-001-T1/Paul Brockmüller) **Plak 002 - Weimarer Republik:** 5 o. (-027-008), 5 u. (-037-027), 32 (-001-057), 34 (-029-031/Hans Schweitzer), 37 (-004-013/H. Klaer-G.), 40 (-008-015), 44 (-007-184/Opitz), 49 (-032-023), 57 (-009-038), 59 (-037-029/Karl Geiss), 72 (-007-110), 77 (-025-

032/Lehmann）, 81（-012-025/Theo Matejko）, 82（-015-022/Herbert Rothgaengel）, 86
（-032-018）, 95（-015-014/Hans Adolf Richard Baltzer）, 102（-019-010）, 116（-027-008）,
134（-037-027）, 136（-021-032/WW）, 141（-042-108/ Hermann Witte）

bpk-images: 126

Fotolia: 62（bodot）

Historisches Archiv der BVG: 48

Landesarchiv Berlin: Umschlagabbildung（F Rep. 290 Nr. II10063）**MAPA GmbH:** 109

Polizeihistorische Sammlung, Berlin: 96

Stadtmuseum Mössingen: 149

ullstein bild: 10, 19（A. & E. Frankl）, 31（Herbert Hoffmann）, 89, 97, 101 Verlagsarchiv:
12, 14, 28, 42, 55, 69, 71, 88

Wikimedia Commons: 51（H.-P.Haack）, 128（Jean-Pierre Dalbéra）

图书在版编目（CIP）数据

魏玛共和国：1918-1933年的德国政治、文化与社会／
（德）比约恩·魏格尔著；邓然译. -- 杭州：浙江大学
出版社，2025.1. -- ISBN 978-7-308-25253-9

Ⅰ．K516.43

中国国家版本馆CIP数据核字第20245FQ019号

©Elsengold Verlag, Berlin 2017.

The simplified Chinese translation rights arranged through Rightol Media
（本书中文简体版权经由锐拓传媒取得Email:copyright@rightol.com）

浙江省版权局著作权合同登记图字：11—2022—013

魏玛共和国：1918—1933年的德国政治、文化与社会
[德]比约恩·魏格尔（Bjoern Weigel） 著 邓 然 译

责任编辑	罗人智
责任校对	陈 欣
装帧设计	尚书堂︱刘青文
出版发行	浙江大学出版社
	（杭州市天目山路148号 邮政编码310007）
	（网址：http://www.zjupress.com）
排　版	杭州林智广告有限公司
印　刷	杭州钱江彩色印务有限公司
开　本	710mm×1000mm 1/16
印　张	12.75
字　数	160千
版 印 次	2025年1月第1版 2025年1月第1次印刷
书　号	ISBN 978-7-308-25253-9
定　价	88.00元

版权所有　侵权必究　印装差错　负责调换
浙江大学出版社市场运营中心联系方式：0571-88925591；http://zjdxcbs.tmall.com